人物叢書

新装版

福《ふく》地《ち》桜《おう》痴《ち》

柳田　泉

日本歴史学会編集

吉川弘文館

福地桜痴肖像

（山本芳翠画，源一郎新聞執筆）

用意金之分

書籍之部

一佛語大辭書

一英仏對譯口

一英語辭書

一口

一口

一口

一佛語字典

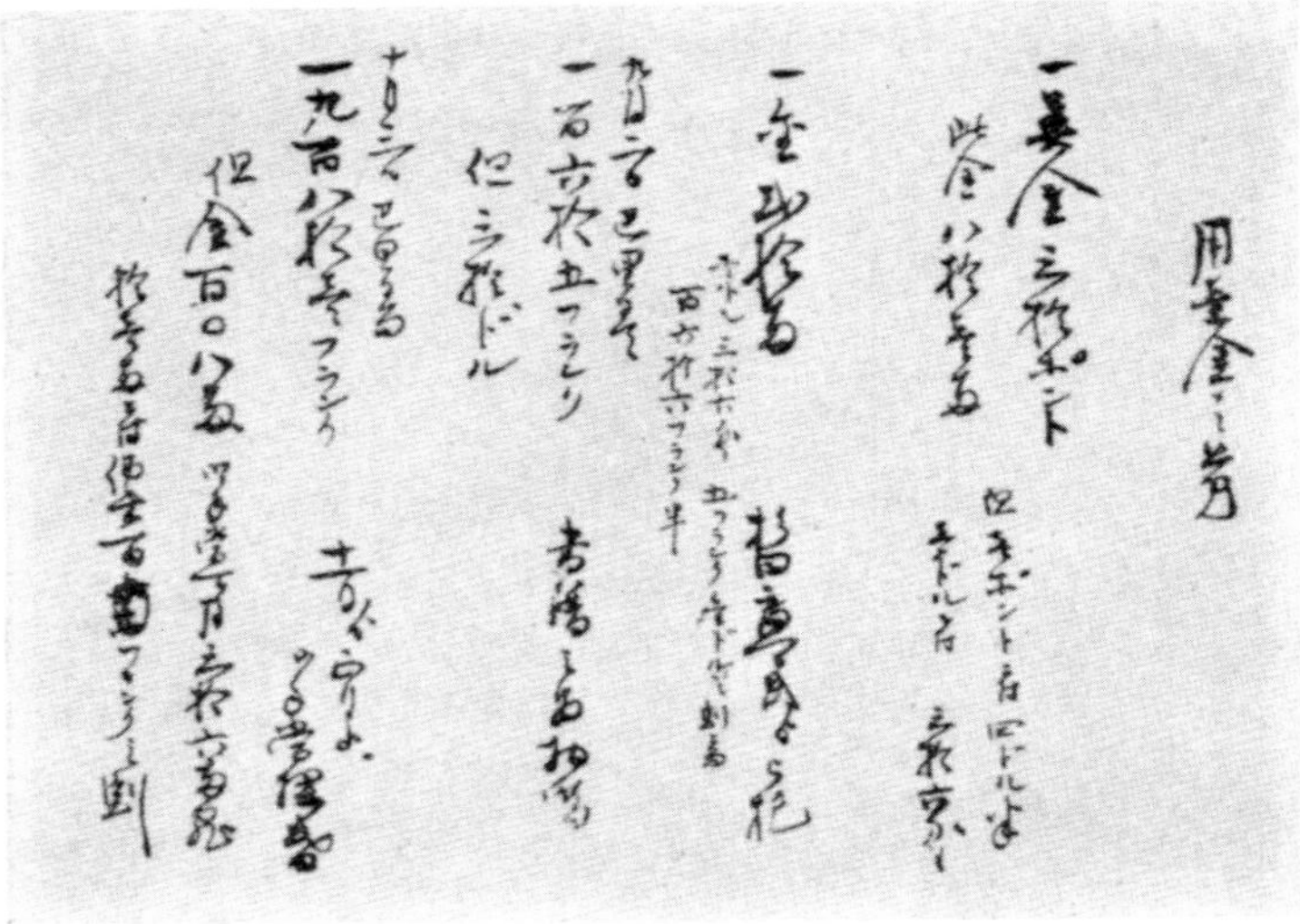

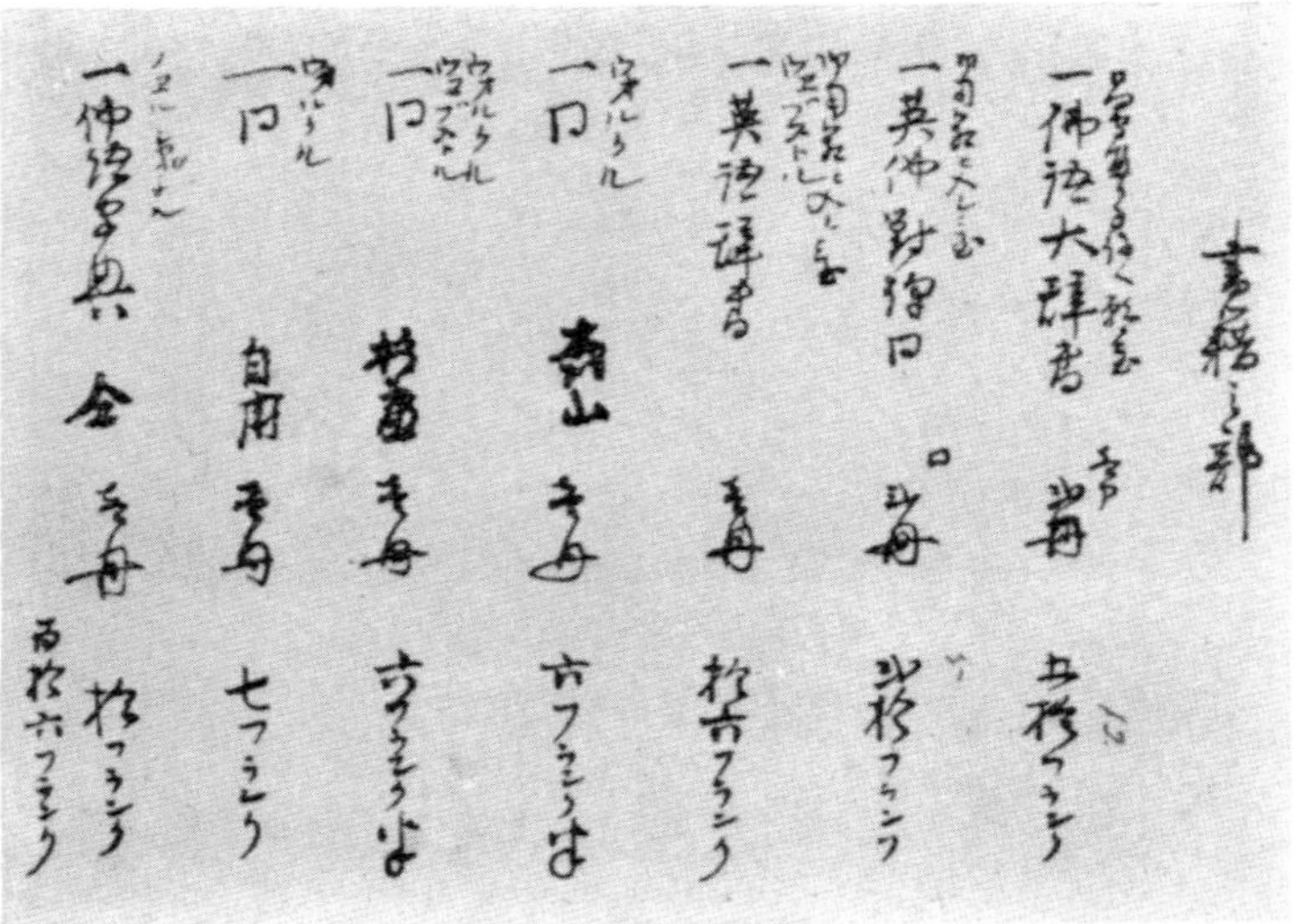

パリ小遣帳

はしがき

桜痴《おうち》＝福地源一郎については、昔、一度小さな伝記めいたものを書いたことがあった。昔とはいっても、そうひどい昔というのではないが、昭和十年、彼の死後三十年を記念する意味で、「桜痴居士すけっちんぐ」というものを書いたのである（雑誌『伝記』二巻二号）。そのとき、私は、桜痴の人物の総論として、こういっておいた。曰《いわ》く、

いろいろなことがゴチャゴチャと頭に入らない先きに、私が桜痴を気の毒だというわけを聞いて頂きたい。

豊富な才能とか聰明とかいう点からいっても、その生涯になした仕事の量や種類からいっても、桜痴は、確かに常人が梯子《はしご》をかけても及ばぬだけのものはある。だが死後は勿論、生前からして社会に冷遇されて、その働きが額面価値だけに通

用しなかったのは、何故か。官人として、記者として、文章家として、政治家として、学者として、劇界の人として、小説家として、それぞれに自家の特色を発揮し、その或る方面では優に明治時代第一流の人材たる実を示し、その得意でない方面でも、第二流を下らぬ才力を現わして、万能選手の意気を見せている。それだのに、人は、その能は認めてもその人を買おうとしない。それは、勿論桜痴の不徳のため、不品行のためともいえばいえようが、不徳・不品行が桜痴以下であったと思われない人々にも、立派に明治史第一流の名を残しているのがある。運不運といっても、運は、その人の意志次第である程度まで左右出来るものだから、それだけでもない。私は、これは畢竟《ひっきょう》一種の性格悲劇というべきだといいたい。

桜痴の才能は豊富だったが、それがいささか豊富過ぎた。桜痴の聰明も人に絶していたが、いささかそれを恃《たの》み過ぎた。彼が岩倉公にいった言葉で、自分で四人分の仕事が出来ると自信していたのが分かるが、口では四人分といっても、実際の四人分は大変なものだ。こういう才能や自信のために、彼には世間が馬鹿に見えて仕方がなかったろう。才を恃むと、人から服される一面、人から憎まれる。而かも自分自身としては、何をなしても人一倍（乃至二倍・三倍）出来るという万能的矜持《きょうじ》と環境の不如意との軋轢《あつれき》から、一種のニヒリスチックな心境になる。その上桜痴には、彼自身のいっているように、恐ろしく人情に脆《もろ》い弱点がある。情に脆いのも、程々に調節されると美点だが、度を過るともう立派に道徳的弱点といえる。それがやがて操守《そうしゅ》がないといわれる結果にもなろう。この情の脆さがまた、今いったニヒリスチックな心境で、益々強められ是認されて、任他的無操守、乃至無理想、すなわち「何《ど》うでもいいや」という、社会人としては極めて信頼の出来ぬ一種の性格が出来上る。

桜痴の生涯を見ると、こういう性格にあくまで祟《たた》られているように思われる。

公人として彼の致命傷となった芳原収賄事件を考えてみても、また売節云々《うんぬん》で攻撃された政府御用的態度についても、さては大蔵省四等出仕を気随気儘《きずいきまま》から、何の理由もなく投げ出した無責任さについても、凡《すべ》て同じことがいえるので、天分の動くままに動いて、それで失脚していくというのでは、これを性格悲劇とよんでも、そう間違ったものとはいえまい。

眼先きが見えなくはないから、こうすればこうなるということが十分わかる。それでいて情に絡《から》んで来られると、ころりと負けてしまう。負けたと知りつつ、根が怜利《れいり》者だから、これを負けたのではないと理窟で飾ろうとする。その才力で立派な理窟を生み出す。だが、そうしてもそこに無理が出来る。自縄自縛《じじょうじばく》となる。識者・社会の攻撃を買う。いつでも損な役廻りをして、内心得意がっている。今にはっきり分かるから、「自分の心事は知る人ぞ知る」とか何とか澄しているが、知る筈の人が、何《ど》れも彼を犠牲にし放しで、決して責任分担はしない。損は、結局いつも彼の頭にばかりかぶさるのである。そうして、そのままで後世に残され、定評・定論という断乎としたものになる。桜痴の生涯は、全くそれの好い手本だ。情に脆いということは、世間一般的には、乃至特別的なある場合には、いいことかも知れない。然し桜痴の場合には、極めてわるいことであったのだ。桜痴自身もそれを知っていた。知っていても何《ど》うにも出来なかった。

桜痴を気の毒と私がいうのは、桜痴のこういう性格と環境が、はっきりとつかめて来たからだ。桜痴を批判するときには、先ずこれだけのことを頭に入れておいていただきたい。

以上を総論として、私は桜痴生涯の「すけつちんぐ」というものを書き進めたのであるが、その「すけつちんぐ」は、そのころ私の出入りしていた明治文化研究会同人から、これは桜痴の新しい見方だというのでほめられた。故尾佐竹猛博士は、桜痴を軽薄才子視して、なかなかその人柄をほめない人であったが、これを読んで、成るほどこういう見方も出来るのだなといって、ほめてくれた。その時の博士の風貌を今も覚えているが、私は、そのときよほどうれしかったものであろう。

要するところ、私の桜痴観は、以上の総論につきているので、「すけっちんぐ」から更に三十年経った今日でも、大体はその通りで通用するものと考えている。そうして、そのとき「すけっちんぐ」を書かせた桜痴気の毒という同じ気持が、今日新しくこの伝を私に書かせるに至った主な原因である。

そこで、万事そのつもりで本文も読んでいただくとしよう。

昭和四十年十月

柳　田　泉

目次

口絵

挿図

第一　明治以前の福地桜痴

1　長崎時代

(一)　桜痴の父祖

出生

桜痴＝福地源一郎は、肥前長崎の人。諱《いみな》は万世《つむよ》、字は尚甫、幼名は八十吉《やそきち》、始めの号は星泓《せいおう》。天保十二年三月二十三日、長崎の新石灰町《しんしっくい》というところに生れた(異説はあるが、彼自身の記録によって、こういっておく)。西暦では一八四一年、年表によると、渡辺崋山が自刃し、画人谷文晁《ぶんちょう》が歿した年としてある。彼の生れた長崎は、当時日本唯一の外国貿易港で、その地は幕府の直轄地であった。

父荷庵

彼の父福地荷庵《こうあん》は、前名源輔《げんすけ》、土地の医師であるが、学問もよく出来た人で、漢学の師も兼ねていた。だが、父苟庵の伝記はあと廻しにして、一応そもそも福地家というものから総ざらえをしてみよう。

福地家

桜痴は、そういうことで長崎生れではあるが、その家、すなわち福地家というものは、代々長崎に土着していたという古い家ではない。桜痴の祖父の時代に移住してきたもので、桜痴の父も長崎生れではなかったのであるから、福地家は長崎の土地とはあまり深い馴染《なじ》みはない。従って桜痴が自分のことを語るとき、おれの家は長崎の土風とあわないものがあったとよくいっているが、それが成るほどとうなづける。

福地家の本拠

それでは福地家は何処《どこ》が本拠であったか。それは京都である。桜痴の書いた「父祖伝考」というものには、そうある。その京都も代々そこにいたものであるかどうか。何しろ桜痴の曾祖父から先きは一向わからないのであるから、何ともいえないのであるが、少なくとも長崎に移る前は京都にいて、やはり医師をしていたらしいことは信じてよさそうである。桜痴は後年人に語って、おれの先祖は公卿衆《くげしゅう》だといったというが、曾祖父以前一向わからないところをみると、あるいはそんなことでもあったかと思う。公卿の子(それも庶子か何か)が民間に零落して、福地家というものを建てるか嗣ぐかしたものかも知れない。そのころには、こういう事柄も往々あったのであるから、そうであっても不思議ではなかろう。

曾祖父源輔

桜痴の京都在住の曾祖父はやはり福地源輔を名乗っていた。身分・職業とも不明であり、本来の生地もどこかわからないが、公然姓を名乗っていたところをみると士分は士分であり、職業はどうもやはり医師であったものかと思う。この源輔が京都に生活をしていたのは、大よそ明和・安永・寛政のころ、西洋でいえば第十八世紀の後半というところであったろうか。子がなかったので矢野某の子嘉《よし》昌《まさ》というものを養子にした。この嘉昌が桜痴の祖父である。

祖父嘉昌

福地嘉昌はもと矢野氏、幼名はわからない。讃岐(香川県)丸亀藩士矢野某の子という。明和元年(一七六四)その地に生れた。どういうわけであったか、武家の生家を去って医学修業し、京都に来たとき、福地源輔と知り合ってその養子となった。嘉昌はどういう学問をしたか、どうもただの医師でなく、経史《けいし》の知識もあり、なかなか功名心のつよい人物であったのであろう。文化年中ロシア人が日本の北方に寇《あだ》をしたことを聞いて、慨然起《た》って一家とともに函館・松前(北海道松前町)に行き、そこに三年いた。彼の本志は、機をみて蝦夷の内地深く進んで功名を立てようというにあったという。しかしその機がなかなかない中に、養父病気の報もあったので、志を抑えて帰京した。そうして帰京後まもなく養父源輔が死去し、家道も大いに衰えたので、思いきって長崎に移って、再び医師を始めたところ、盛んに流行した。ここで考えられるのは、なぜ京都から特に長崎へ移ったものであるかということである。ただ何となしに、医学の盛んな土地というので移ったか、それとも、もともと福地家と何か連絡があったので移ったものか、どうもそのところがわからない。漠然無《む》成算《せいさん》に移ったとするのは、ちっと冒険すぎる気味がある。何か伝手《つて》か、考えがあってのことであろう。嘉昌は天保十四年（一八四三）四月歿したが、享年八十歳。やはり男の子がなく、一女松子に苟庵を養子にして後をつがしめた。嘉昌の歿は桜痴が数え年三つのときであった。

父苟庵の略伝

桜痴の生れたとき、前にいったように、父苟庵は土地の医師であったが、初めから医師であったのではない。桜痴はこの父の略伝というものを書いているが、苟庵は、初名は源輔（これは恐らく福地家に入ってからの名であろうが、その前は何といったか）、諱《いみな》は載世《としよ》、字《あざな》は子車《ししゃ》、石橋または石狂と号した。長府藩士岸丈右衛門の子で、寛政七年（一七九一）正月に長門国（山口県）府中に生れた。岸家は剣術師範の家柄であったが、源輔は幼いときから多病で、武芸の稽古を好まず、もっぱら読書を努めた。そうして国島某という学者について勤学すること数年、経史に通じ、詩文を善くするに至ったという。弱冠《じゃっかん》のころ、故あって故郷を去り、大阪に出て頼山陽の友篠崎小竹《しょうちく》の門に在ること更に数年、その塾長となって門生に教授をするまでになった。それで学問で立身出世する志を起して、篠崎門下を辞して東西に漫遊したが、どこへ行っても志を得ず、遂に長崎に流れていって、つぶさに落魄《らくはく》の苦をなめた。しかしそのなすところのあらんとする意気は失わなかった。

このとき、福地嘉昌は源輔の苟庵と知り合ったのであるが、嘉昌は一見して源輔の奇才にほれこみ、わが家に呼び迎えて客分として遇した。源輔は福地家の客分となってから、衣食の心配もなくなったので、自分の好みから子弟に読書の教授をする傍ら、医学を研究することになった。その中、嘉昌はますます源輔の人柄を好ましく思うようになって、一女の松子（享和三―一八〇三年生れ）の夫にさせ、後嗣とした。

源輔はしかし福地家の養子となっても、すぐ医師となるつもりはなく、やはり学問で身を立てるつもりであった。それで嘉昌の許しを得て、再び東上し、江戸に出て幕府や諸侯に経綸《けいりん》の学で仕えようと欲したが、どうも巧くいかない。その一方当時の碩学鴻儒《せきがくこうじゅ》として世間に有名な人物を見ると、いずれも一向無用迂遠《うえん》な学問を自慢し合っているだけで、取るに足らない人々ばかりである。そこで源輔は慨然と嘆息し、深く自分が学問で身を起《た》てようとしたことを後悔し（けだしこの人の学問は幾分実学風のものであったので、まだ時代に入れられなかったものであろう）、再び長崎に帰って、今度は専心医学を修め、漢学・儒学をすてて、また世事を問わぬ人となった。すなわち当世の志を絶ったというものであろう。そのときから医師苟庵《こうあん》と名乗った。

苟庵の学問

桜痴の記すところによると、苟庵の学問は該博《がいはく》で経史・百家に通じていたけれども、門戸を立てることは好まなかった。史学は殊にその長所であったという（父も史学に長じ、師の長川《わさがわ》東洲も史学に長じていたのであるから、桜痴の史筆に長じていたのは、もっともなところであろうか）。詩文は上手で作家の名があったけれども（師の篠崎小竹の友

荷庵の点茶と俳諧

山陽もこれをほめたという)、詩文人視されることを恥じて、作っても稿を留めなかった。そのほか、いろいろな技芸にも達していたが、中でも点茶と俳諧とは奥儀を極めていたので、それを学ぼうとする人々が多かった。しかし荷庵は決してその求めに応ずることはせず、そのたびにこういったという。曰く、わしは医者だ。詩歌とか茶湯とか香道などは皆消閑《しょうかん》の具というもので本職ではない。これをわざわざ学んで格別の益があるものではない。そんなものを教えてくれといわれても、そうした無用の閑事で人を累《わずら》わす種子《たね》を作るのは我慢の出来ないところである。もしお前さんが本気に有用の学問を学びたいというのであれば、いくらでもお教えしよう、云々《うんぬん》。

荷庵は医術もすぐれていたが、みずから売るという気がなく、また家計を営むことも拙であったから、家はきわめて貧しかった。それで時々衣食さえ乏しくなることもあったが、荷庵は恬然《てんぜん》として心配する色がなく、治療の暇には読書・吟詠してみずから楽しみ、客が来れば談笑を事として少しも屈托するところがなかったので、皆々異名をつけて福人といった。

荷庵は、それでも医師になってまもないころは、学問を教わりに来る人々が多かったので、儒・医を兼ねた形であったが、一日悟るところがあったものの如く、剃髪して、入道浄慶と称し、それ以後儒学の門徒を謝絶してしまった。子《し》の曰くには世間に先生が多い、おれがやるまでのことはなかろうというのが、その弁解であった。そうして今度は仏書・仏学に専念し、時として斎を持《じ》し、経を誦《しょう》し、あるいは一室に静坐して工夫を試みるのをつねとしたという。文久二年（一八六二）夏、桜痴の初度目の洋行中、六十八歳で歿した。詩文集のほか等身の随筆集があったという。その詩だけについていっても（『茂園詩草』という）、なかなか風格のある詩で、桜痴より大分上である。そうして、そのころの詩人があまり手がけない詞《し》などの作も相当にこなしている。長崎にて中国詩文人に接していたということもあろうが、才分も豊かなものがあったのであろう。随筆は、私の見得た残篇だけでいっても、さすがに史事に関したものが多かった。

桜痴の母松子は、明治五年(一八七二)五月、長崎で歿したが、六十九歳であった。このときも、桜痴の洋行中であったろう。

（二）　桜痴の同胞――子女

荷庵は、松子との間に女七人、男一人、八人の子女があった。その男一人はすなわち桜痴＝源一郎で、最末子である。あとの女七人は皆源一郎の姉であった。生年月日も何もわからないが、七人の中、三女・五女の二人は早世で、あとの四人は他家に嫁し、一人は養子をしている。長女もりは、熊本氏へ、次女とみは福生氏へ(何とよむか、フッサかフクォか)、四女まさは城戸《きど》氏へ、七女からは吉岡氏へ嫁しており、六女よしだけは、養子をしている。養子の名は、やはり源輔というが、これは福地家に入ってからの名で、その前には勿論別姓・別名があったものであろう。この源輔という人物については、桜痴の書いたものに履歴も何も見えないが、系図的には、桜痴の兄に当るわけである。この源輔とよしの間に子がなかったか(あるいは女子があったか)、福地達雄という人が養子になっていた。達雄に二男二女があり、男は長を寿雄(ヒサオかトシオか)、次を秀雄といい、女は長をつた、次をてふという。男二人の下に女二人という順序である。このてふが、後に文学博士厨川《くりやがわ》白村の夫人となった。なおこの桜痴の義理の兄、養子源輔に関連して、ちょっと考証めくことがあるが、それをあとでまとめて書くことにする。

そのほか、姉七人については別に書くことがないので、異例ではあるが、ここでついでに源一郎自身の子女のことも書いておこう。

さて、ちょっと断わっておくが、これから先きの本文で、桜痴を何とよぶべきか、いちいち桜痴とよぶのも妙でないときが多く、福地とよぶのも他人がましいときがあり、源一郎が一番よいようであるが、それだけに限るというのも妙でない。それで、これ以後、その時々で、この三つの名を自由につかうことにするから、読者はとがめないでもらいたい。

夫人さと子

源一郎夫人さと子、姓は鎌田氏（これは源一郎の自記がある）。夫人の素生について二説があって、どちらが真実かはっきりしないが、その二説のことは、あとで結婚のところで改めて語るとして、ここではただ源一郎とさと夫人の間の子女のことだけを述べるにとどめる。

養女梅子

源一郎さと二人の結婚は文久元年（一八六一）、源一郎二十一歳のときであるが、結婚して何年間かは子がなかったと見えて、源一郎のイギリス語の師でもあり、いろいろな意味で恩人でもある森山多吉郎の娘梅子をもらって養女にした。明治維新のときはまだ実子がなかったらしい。しかるに明治に入って、続々と男の子が生れ、明治十八年までに五人生れている。

嗣子信世

源一郎の後取りとなった信世《のぶよ》は、明治十八年生れであるが、兄が四人ほどあったのに、みな早世した。殊に次男には小八十《こやそ》と、自分の幼名をつけていた位であるから、少しは大きくなっていたのであろうが、惜しいことをしたものである。それで五男の信世が長男代りに当主となり、福地達雄の長女つた子を妻に迎えて、福地家をついだ。この信世の子言一郎という人が現在福地家の主人なわけである。

養女梅子は後に西成一に嫁したが(成一は源一郎の幕府時代の同僚西吉十郎成度《なりのり》の子)、その次女のふじ子が更にまた源一郎の養女(すなわち信世の妹分)となって、原田氏に嫁している。

前に出た桜痴伝には、源一郎が子がなかったので森山家から梅子を貰ったが、あとで信世が出来たとだけ書いたものが多いが、梅子を養女にしてから、男の子が大ぜい生れたことは書いてない。いま源一郎の自記(「父祖伝考」)によって正しておこう。

さて、前に約束した源一郎の養兄源輔という人物の件を語る段になったが、その人物を語るといっても、直接その人物の伝記や履歴が、はっきりわかったというのではないので、そこは注意していただかなくてはならぬ。ただどうもこの人物らしいというのが、偶然私の読んだ書物に出て来たというだけのことで、別に確証をもって断言は出来ないのであるが、どうも私には、それがこの人物と同じ人らしく思われるので、ここにまとめて書いておくのがよいように思えたのである。

私の偶然読んだ書物というのは『林外遺稿』というもので、有名な九州日田《ひた》(現大分県日田市)の学者兼詩人の広瀬淡窓の甥になる広瀬林外の遺稿(昭和三年刊行)である。これは詩文にすぐれたほか、学問も深く経綸《けいりん》の才もあった(明治の初めに死去)。時勢・政治を批判する見識もなかなか立派なものがある。この人が慶応の三年に江戸に出て来て、都下の人士と交遊したが、そのときの日録めいたものを『異聞録』という。この『異聞録』の中に林外が日田にいたころ知っていた福地幸庵なる人物が出てくるのであるが、これがどうも今もいった源一郎の姉よしの夫源輔と同一人物に思えるのである。

このとき、この幸庵は林外を案内して横浜の夷《い》館《かん》すなわち居留地を見物させているのであるが、その談話の中で、日田以来の自分の身の上話をしている。

その身の上話によると、林外と知ったのは日田の咸宜《かんぎ》園、すなわち淡窓の学塾でのことであるが、そのときは福地でも幸庵でもなく、阿部某といっていた。従弟の堀鉄次郎というのと一緒に咸宜園に学んでいたという。その後日田を去って、長崎の福地氏の入壻となり、名も幸庵と改めた。さて名の工合で考えると、どうも医師を職業としたように思われるが、どうであろうか。また長崎でいろいろな人々と交際し、西洋関係の書物（洋書かどうかわからないが）もあさり読んだ形跡がある。そうして何年のころか長崎を去って江戸に来り、江戸・横浜の間を往来して立身出世を志したものらしいが、そこは源一郎の桜痴とそっくりである。現在は、主として横浜にあり、イギリスの副公使(そういう役が正式にあったかどうか)のラウダーというものの日本語の先生、日本関係の顧問めいた役をしてイギリス公使館に出入りしている(従ってイギリス語の知識なども多少はあったらしい)。そうして、姓名も福地幸庵というのでは、人があまり尊敬しそうにもないので、今は武家らしく厨川織部と改めてある云々《うんぬん》。この厨川の二字が人の目を射るような気がするが、どうであろうか。

この人は、夷館に出入する志を林外に語っていうには、自分は日本人で夷人の師となっているが、それは日本の国情なり秘密なりを彼に売って利を計るというのではない。反対に彼に接近して、彼の情実をつかんで、日本国家の役に立てるつもりである云々。例の訳官の日本通アーネスト＝サトーなどともよく知り合っている風であったという。そうして、林外に告げていう、自分はいつまでもこうした仕事に甘んじているものではない、今に同志（須原屋甚兵衛こと三河浪人秋山某）とともに京摂《けいせつ》の間に赴いて一事業をやるつもりである云々、とそういった。

林外の『異聞録』の記事はこれで終っているので、この人は後でどうなるか、一向わからないし、またこの人の談話中、義理の弟源一郎が幕府に仕えているということも出て来ないが、これは、当時は互いに当局の嫌疑をさける必要があったのであろうから、兄も弟も、江戸・横浜にいることは互いに知っていても、知らぬふりをしていなくてはならなかったことであろう。すべては想像というに止まるが、いろいろな点から考えて、私は、この福地幸庵が源一郎の義理の兄福地源輔ではなかったかという気がしてならないのである。しかしこの人が源輔でなかったとしても、時を同じくして幕府の外国方に福地源一郎あり、イギリス公使館に福地幸庵あり、二福地彼我同時ということだけでも一奇事とするに足りると思う。

（三）　少年桜痴

源一郎の生れた天保十二年には、父苟庵は四十六歳、母松子三十八歳、祖父嘉晶七十八歳。父母は七人の女の子のあとに生れた男の子であるから、大いに喜んだにちがいないが、嘉昌は殊に喜んだらしく、これに自分の幼名八十吉と名づけたのを見ても、それがわかる。代々養子つづきの福地家に、今や血肉を別けた男の子が生れたのだからである。しかし苟庵は、愛情は愛情として、末子だからといって、男の子のための仕付けは決してゆるめなかった。源一郎もまた苟庵の仕付けに背かない天禀《てんぴん》をもって生れて来た。

源一郎三歳のとき、祖父嘉昌が死去、その前後火災に遭って本石灰町《もとしっくい》に転住した。四歳の年から苟庵による家庭教育が始められ、『三字経』『孝経』が口授された。『孝経』は誰でも知っているが、『三字経』は、漢字三字を一句にして句調をそろえた『千字文』のような入門書と思えばよい。これらは口授で、父の口写しを真似たものであるが、翌五歳には本式に読書・習字が授けられた。読書はやはり四書のようなものであったろうが、習字は一応父の手本を習ったものであろう。父もなかなか能書で、書道でも生活が出来るほどであったという。そうして源一郎も、読書も習字も、そもそもの始めから筋の好いところを示したらしい。なお習字については、清人《しん》江元蟻《こうげんぎ》という人の帖を習ったと伝わっているが、それはしかしもっとあとになってからであろう。源一郎も子供のときから、なかなかの能書で、父の手跡によく似ているが、それは早く父の書を習った上に、遺伝といったものもあったのであろう。

さて源一郎五歳か六歳のころのことと思われるが、いかにも彼らしい逸話が一つ伝わっている。そのころのあるとき、大ぜいの子どもと小高い丘のあるところで遊んでいたが、源一郎はそこから前面にひろがっている海を指してこういったという、この海はあの通りひろびろとして涯《はて》もないので、飛んで向う岸に行ったら面白いところもあるかと思うが、羽根がないのでどうにもならない。今に見ていてくれ、わしは大きな艦《ふね》を作って、それに乗ってきっと向う岸に行ってみせる。そうして綺麗な「花木珍品」をもってきて、皆にわけてやるから、よく覚えていてくれよ、云々（明治十七年『小学雑誌』第九十九号「吾曹先生の伝」）。伝記者は、例によってこれをほめて、「幼稚無心にして偶然に発したる言も亦以て他日の大成を予想するに足ると云ふべし」といっているが、大成はともかく、海の向うに度々渡ることになったところだけは的中したといってよかろう。

源一郎の特色は記憶がよいことで、七歳から別に先生について漢学を学んだが、一読過《どくか》して音訓が耳に入ると、もう二度と忘れなかったという。源一郎が先生とした人は長川《おさがわ》東洲という人で（長川はオサガワかナガカワかわからないが、野崎左文氏の著者の訓のままオサガワとしておく）、恐らく父荀庵の学問友達の一人であったろう。東洲はやはり長崎の人で、名は淵、字は元皞《げんこう》、通称彦次郎（のちに退蔵）、東洲または竹院と号した。私は今その学問系統についてはっきりした知識をもっていないが、いろいろな学塾の先生もし、長崎では有名な漢学者であった。詩文も勿論秀《ひい》でていたが、学問は経史の中、殊に史学にすぐれ、『日本外史』の研究家としては、上に出る人のないほど立派な研究を残している。著書には、詩文集のほか、『教義策題』『読外史余論』『外史論纂評点』『日本外史文法論』『日本外史全講』(仮題)などがあった。市島春城の『随筆頼山陽』には、この長川のことをひどくほめ、『日本外史文法論』を、外史の文章を研究した点では日本一の本だとほめている(私も実際読んでみて、成るほどと感心した)。有志の人は就いて読まれるがよい。その中の幾部かは、源一郎も手にしたものであろう。明治七年(一八七四)十月、六十一で歿した。源一郎が日報社長として天下に大名をあげようという一寸前になる。

そういうことで、長川先生も、初めから源一郎の才を十分認め、これを教えること他少年に異なるものがあった。源一郎は、先生得意の『日本外史』は勿論、経史から詩文の作り方なども学んだことであろう。もっとも詩や文の作り方などは、家で父からも学んだかとも思う。こうして、内外の教育がうまく源一郎の天才を伸してくれたために、彼の学問は長足の進歩をし、世間からは神童とか奇童とかいわれた。源一郎自身も、その自伝にそう書いているから、真実であろう。

神童ぶり

その神童振りを実証するものとして、彼の十二歳のときに著した漢文の著述が残っている。『皇朝二十四孝伝』というもので、中国の二十四孝に擬して日本の孝子を顕彰したものである。もと和文の原本を漢訳しただけのものといえばいえるが、それにしても十二歳の少年の仕事としては天晴れなものであろう。そのほか十歳で素読吟味(郷試)に甲科、十三歳学問吟味(いわゆる試業)で甲科を受けているのでもそれがわかる。文とともに詩の方も上達が早かったらしく、彼の詩集『星《せい》泓《おう》詩草』は、その十四歳から始まっているが(これから安政年間までつづく)、その作り初めは、もっと前、十二―三歳あたりからではなかったか。十四歳の作はすでに

『皇朝二十四孝伝』

『星泓詩草』

百二首ほどに上っているからである。

なお源一郎の文才の天稟を語る証拠がもう一つ伝わっているが、これも彼が十四歳のときという。当時長崎に来ていた中国人某氏は、端なく病んでこの地に歿した。そこで日中の知人同志が相謀って、この地に墳を建て、日中文士の中から能文の人を選んで碑文を書かせて、それを刻むことになった。それも公平を保つため、誰でも我と思わん人に文章を書かせ、それを投票でき

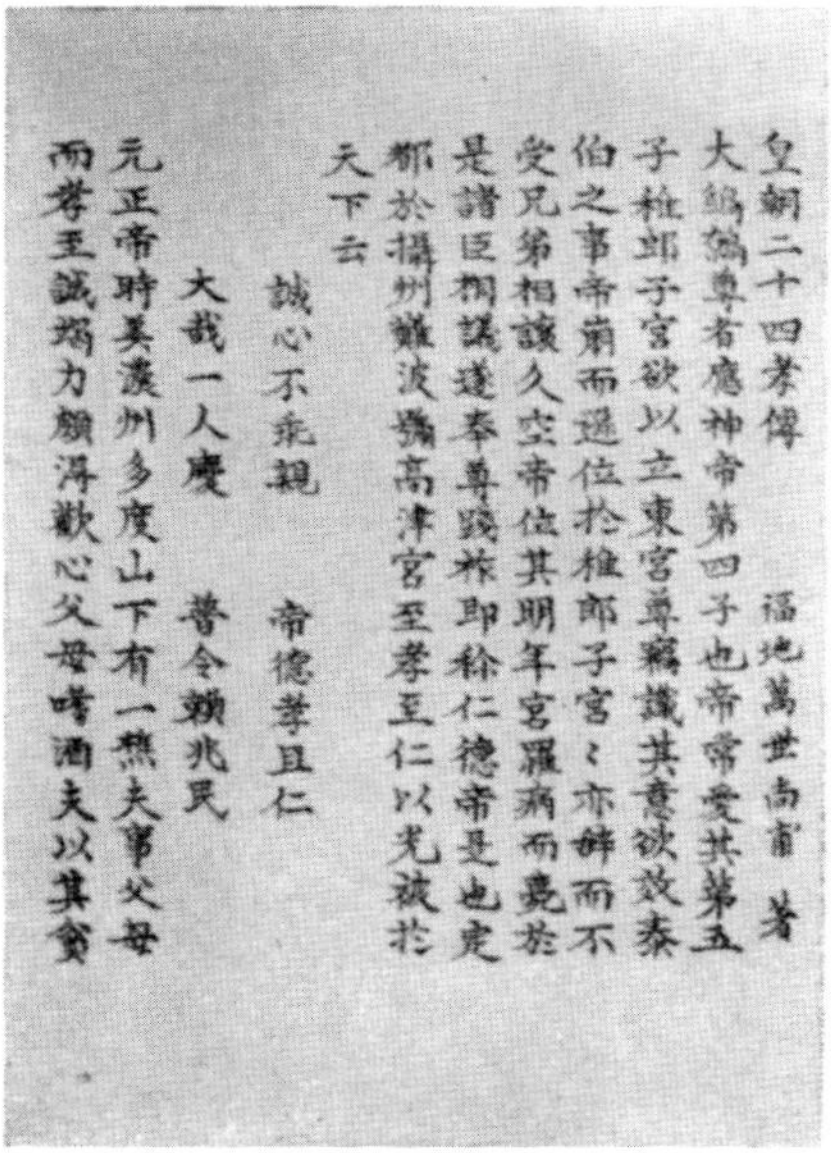
皇朝二十四孝傳　福地萬世甫　著
大鷦鷯尊者應神帝第四子也帝常愛其第五
子稚郎子宮欲以立東宮尊竊識其意欲致泰
伯之事帝崩而遜位於稚郎子宮々亦辭而不
受兄弟相讓久空帝位其明年宮羅病而薨於
是諸臣相議遂奉尊踐祚即称仁德帝是也定
都於攝州難波稱高津宮至孝至仁以光被於
天下云
誠心不乖親　帝德孝且仁
大哉一人慶　普令賴兆民
元正帝時美濃州多度山下有一樵夫事父母
而孝至誠竭力願得歡心父母嗜酒夫以其資

『皇朝二十四孝伝』

めて、当選したものを刻むという。そのころのことであるから、それが長崎中の評判となった。源一郎は少年ながら文章に自信があったので、自分も応募するというと、父荀庵は、あれは大人のすることで子どもの戯れになすべきものではないといって止めた。しかし暫らく考えてみてから、まずやりたければやってみろ

墓碑に応募

と許したので、源一郎は喜んで一文を投じたが、少年だというので無名でやった。ところが、開票の結果、この無名の文が当選したので、日中諸先生方を驚かしたという。この中国人の氏名がわからないのは残念であるが、この墓碑は、あるいは今でも長崎のどこかにあるかも知れない。

『後漢書』

こうして源一郎は長川《おさがわ》塾にあること約十年、経書《けいしょ》は勿論、左国史漢から諸子百家の書物を読みあさったのであるが、そのころは源一郎も歴史好きで、特に『後《ご》漢書《かんじょ》』の文章が大好き、誦読数回、全篇を暗記する程になったが、ずっとあとまでやはりこの書を手もとから離すに忍びす、日報社長になって毎日社説の文章を

『五代史』

草するようになってからも、その規模をこの書の文章からとったという。しかし源一郎は、あとで自伝の中で、そういう世評があるが、実は自分は『後漢書』が大嫌いで、好きなのは欧陽修《おうようしゅう》の『五代史』であるといっている。なるほど日報社以後の源一郎の文章は、『五代史』風の達意老成したものになっているから、『五代史』好き云々というのはわかるが、それでは『後漢書』云々はまるきりまちがいであったのであろうか。どうもそうではない。若いころ、殊に少年時代の源一郎の才気煥発《かんぱつ》振りを考えると、『後漢書』の六朝《りくちょう》風の派手な文章を好んだとしても無理がないように思う。それが世故《せこ》を経るにつれて、人柄が変って、『五代史』好きとなったものであろう。私はそう見たい。

なお源一郎は、経書は特に力を入れて勉強したようにも思えないが、後に社長時代の文章に時々経書(『書経』などの)引用がある。これは恐らく少年時代の記憶のままの引用であろうが、これもまた彼の記憶の好かったことを語るものといってよい。

(四) オランダ学に入る

蘭学を始める

源一郎十五歳は、安政二年(一八五五)であるが、この年、彼の生涯に後々まで大きな意義をもつ出来事が起った。それは、彼が依然漢学をやって、長川先生の門に出入りすると同時に、オランダ通辞名村八右衛門の門に入って、新たにオランダ学を始めたことである(安政三年十六歳説もあるが、今十五歳説をとっておく)。

これは、どういう動機であったか、源一郎自身の発意か、父荀庵の発意か、はっきりしないが、想像するところ、父が時勢の動きに眼を開いたのが、その大もとであったろう。このころはいわゆる幕末期で、幕府も対外・対内に漸く多事になってきたが、対内はともかくとして、対外の多事は、長崎が開港場としてその直接の衝《しょう》に当っているだけ、その地にいる人々は、いやといってもその空気にふれぬわけにいかない。夷船外艦の日々の出入りのほか、ロシアの使節・イギリスの使節がやって来て、条約もいろいろ結ばれる。それにつれて幕府方の国防・海防のこともあり、海軍創設に必要ないわゆる海軍伝授の挙もある。幕府旗本の若い俊秀が対外雄飛・四海横行の志を抱いて海事練習にやってくる。それを見た苟庵は、早くも時勢の変と日本の将来をさとって、漢学だけで埒《らち》のあかない日のくることを見通し、そのときに備えてわが子にオランダ学をやらせたというのではなかったか。もっとも子も子で、源一郎もただそういう父の意をうけて、消極的にオランダ学に接するというのではなく、そこに漢学のほか、オランダ学というものがあるのであれば、わが力の及ぶ限りそれを学んで日本の役に立てようという志を起したものとしても、少しも不思議ではない。そこで、ともかくこの年七月、オランダ通辞名村八右衛門の門に入って、オランダ学をやることになった。

名村花蹊

名村は花蹊《かけい》と号し、文辞の嗜《たしな》みもあったから、源一郎の父とは知り合いであったろうが、これはオランダ通辞でも大通辞というので、通辞すなわち通訳官中の取締のような上位に立つ人物であったろう。なかなかやかましい人で、書生を扱うことが極めて厳しかったといわれたが、当時オランダ学の先生としては、この人の右に出る人がなかった。代々長崎におり、その子の八五郎は幕府に召されて、江戸で外人と応接する役をしていたので、家には女の子がおるばかりであった。そのオランダ学も、通辞だからといって、ただ会話だけを教えたのではなく、やはり文法・読本などで文章の読み方も教えたものであった。思うに、源一郎が名村氏の門下に入ったのは、別にオランダ通辞になるつもりで入ったのではなく、オランダ学をやって、立派なオランダ学者になり、西洋の書物をひろくよみたいというところから入ったものと考えてよい。源一郎ほどの才子に、それ位の大きな志があっても当然であろう。

時勢に眼ざめたのは、父荷庵ばかりではない、源一郎とても同じことであったとみてよく、『星泓詩草』乙卯《いつぼう》（安政二年）の篇に次の一首がある（払郎《フランス》暎咭《イギリス》両夷同時入港）。

夷船の帆檣《はんしょう》、海門に連なる、
森然《しんぜん》たる兵気、波を圧して昏《くら》し。
豺狼《さいろう》義無く、兼ねて礼無し、
薪水《しんすい》幾回か、猶《なお》恩を仮る。

十五少年の詩としては、上出来の方であろうが、時代の空気を反映して、攘夷的な気味があるのが、この人だけに面白い。

源一郎と改む

翌安政三年（一八五六）、十六歳、元服して八十吉を源一郎と改めた。

この年春、長崎の学問所（聖堂の出張所のようなものと思えばよい）で学問再吟味を申出で、やはり甲科に当って、五月褒美として銀二枚、別段として金百疋もらった。

この時の再吟味は書物の講釈から詩文の即席作成に及んだものらしく、『星泓詩草』に聖堂試場即事《そくじ》、『星泓雑著』（文集）の方に聖場科場試題（秦焼レ書坑《あなにする》レ儒論、秦強

レ於《よりも》二六国一而弱レ於二劉項一論）などの文章が見える。こうした学術優等について、源一郎は謙遜して、その自伝中に、

　長崎の地たる、文事豊かなるも、概《おおむ》ね書画・詩《し》賦《ふ》の末技《まつぎ》に止まり、真に漢学を修むるものは甚だ稀なるによる、云々。

といっているが、謙遜は謙遜として、よく出来たことは出来たろう。彼が人に托して清人沈浪仙《しんろうせん》（名は筠、字は実甫、平湖の人）にその詩集を示して批評を乞い、浪仙から大いにほめられたことが伝わっている。なおその文集中には、「管仲論」「諸葛孔明論」といったものがあって、その出世の志のあるところを示したようなものがあるほか、時勢にふさわしい「擬上海防議」「敦二教化一策」などというものもあって、一《い》ッぱし山陽張りの文章を書いている。一は海防には軍艦・器機の精良も必要であるが、名将が出て指揮をとらなくては役にたたぬことを主張し、いま一は教化の基は倹素を行なうにあり、長崎から入る舶来珍奇の品物は皆禁ずべき

を論じたものである。いま後者を原文のまま引用して、源一郎のこのころの漢文の力を見てみることにしよう。

臣聞、三代之盛、徳教明レ于レ上、美化行レ於レ下者、上専倹二其用一而恵レ於レ下、下恒富二其産一而服二其上一也、未レ有下上驕二其用一而徳教得レ明、下困二其産一而美化得レ行者上也、是以、伊周之所二謀謨一、孔孟之所二論隲一、以下薄二税斂一富中民庶上為レ本、及レ至二戦国一、諸侯各豊二其自奉一、故其取レ于レ民也不レ得レ不レ多、民庶皆乏二其自産一、故其怨レ于レ上也不レ得レ不レ深、是以管商之術、中韓之法、務以二刻薄一為レ理、苛酷為レ政、是所レ為二徳教不レ張、美化不一レ行也、臣愚以為、方今之世、欲下敦二其徳教一興中其美化上者、莫レ如三務行二倹素一、諺曰、城中好二高髻一下必有二盈レ尺者一、城中好二長袖一下必有二曳レ地者一、昔漢文罷二露台一而天下服二其倹一、斉桓好レ紫、而敗素之価加二五倍一、下之効レ于レ上、其勢不レ得レ不

レ如レ是也、而況如二長崎一与二華夷一所二貿易一、非レ無下戯弄玩好之器、太二害於国風一者、輸二之於上都一、以助中其驕奢上乎、臣窃以為、宜厳二諭来船一、如二玻璃・玳瑁《たいまい》・綾羅・罽毛・奇南・紅木・及画鏡・自鳴鐘之属一、一切禁絶、可三以遠二其奇技淫巧無益之貨一矣、然而倹徳可レ修税斂可レ薄、而可三以足二其民食一也、上之人薄二其税斂一則雖レ欲二驕且奢一而不レ可レ得、下之民足二其衣食一、則雖レ欲二怨以怒一亦不レ可レ得、是上一挙、而布レ徳施レ沢、移レ風易レ俗、衆善皆得者矣、此則敦二教化一之術、何必干羽之楽、笙鏞之音、施二之後世之民一乎、

これが大家の手になったものとすれば格別、十六書生の手になったものとせば、文章・思想ともに甲科に値するといってよい。

『闈記』

以上の詩文のほか、このころの彼は、『闈記《いき》』という著述めくものをまとめていた。それは父との問答、または父からの聞書を集めたものであったというが、

『省記』

題名からいって漢文であったのではないか。内容のどういうものであったか、その書物が残っていないので、知ることが出来ないけれども、定めし面白いものであったろう。それは八巻あったという。なおこのあと、オランダ学をやるようになってから、更にオランダ通辞となって出島につとめることになっても、彼はそうした著述をつづけ、『省記《せいき》』というものを四巻までまとめたという。なかなか勉強したものであった。しかもそのころは、彼は名村家の養子となって、福地の家にいなかったのであったから、出島役所への往復に父のもとを訪れて、問答なり聞書きなりをとったものであったという。

苟庵は読書の範囲も当然ひろかったが、源一郎も、それにつれて年齢のわりには、読書範囲がひろく、普通の経史・詩文などのほかに、随筆・雑書、乃至は小説・伝奇などものぞいていたものであったかも知れない。元《げん》の陶氏の『輟耕録《てっこう》』を読んだことなどはその一例であるが、これはそのころは稀書珍本であったのではないか。それは、長崎なればこそともいえるけれども、ともかく少年に似合わず、いろいろな雑書も手当り次第のぞいていたことは事実であろう。
そこで漢学の方はその位にして、オランダ学の方はどうしたか。何しろ才もあり、記憶力がよかったのであるから、この方もよく出来た。『星泓《せいおう》詩草』中に、「近《ごろ》読《んで》二洋書《を》一戯《れに》作《る》」という詩があって、——

経史、従来、博聞を難《かた》んず、
閑を偷《ぬす》んで傍ら学ぶ、蟹行《かいこう》の文。
自ら嗤《わら》う、才地弾丸のごとく小なるに、
又洋夷の為めに半分を割く。

などといっているが、しかし実際はよく出来て、駸々《しんしん》と進歩した。そこで、師の名村も感心して、改めて養子にしたいといい出した。名村家の後取りにして、追々オランダ大通辞をつがせたいというのである。前にいったように、師には八五郎という子があるが、これは江戸に出て、やはり通辞で幕府に仕えている。そこで長崎の名村家をつぐ後取りがもう一人必要なのであるが、源一郎をもらってそれにしようという。幸い女子が一人いるので、やがてはそれと妻《め》合わせて、長崎の名村家をつがせたいというのであった。

名村姓を冒す

荀庵は実子が源一郎が一人であり、養子の申込みを断わりそうなものであるのに、案外それを承知した。大通辞の職をつぐのを、本人将来の栄達と考えたか、それとも、このとき福地家の家事(医師)は養子源輔でまに合っていたものか、または強《し》いて想像すると、この義理の兄源輔と源一郎と何か調子のしっくりしないところでもあったか。ともかく承知したので、源一郎は、この年十二月、名村姓を冒《おか》すこととなった。

翌年、源一郎十七歳、長崎奉行は荒尾但馬守である(前任は水野筑後守忠徳で、これは荀庵と親しく交わった)。名村家に入った源一郎は、『星泓詩草』の歳首の詩で、

支《ササ》レ頤且読、蟹行書、
温清学得、師為《タリ》レ父。

などとさも幸福そうであるが、どうであったか。五月には奉行所からオランダ稽古通辞を命ぜられたが、その語学会話の才を認めて、名村が推薦したものであろう。それで、出島のオランダ館に日々出張して、通辞の役目についた。八月になって、更に飽《あく》ノ浦《うら》製鉄所の伝習掛を申付かって、日々その方に出向くことになったが、この製鉄所は幕府直轄のもので、当時幕府の命令で行なわれていた海軍伝習とも関係があったのであろうから、ここに来て、彼は、海軍伝習生の旗本の俊秀青年連中ともいろいろ知り合いとなったろう（勝・榎本・矢田堀などという人々）。彼の役目はどういうことであったか。伝習掛りといっても、彼自身、幕府の連中と一緒になってオランダ士官から海軍教練をうけたとは思えないが、恐らくオランダ士官と伝習生の間に立って種々通訳をするというのが主な仕事ではなかったか。

飽ノ浦製鉄所伝習掛

それは、彼が通訳にすぐれた力をもっていたからであろうが、彼はしかし、通訳ばかりでなく、オランダ書を読む方の力もかなり進んだものらしく、『星泓雑著』をみると、このころ、製鉄所の仕事に参考にするために『般特児蒸気篇』という書物を読んだことが記してある。般特児はハンドルとよむのであろうか。この書の著者の名と見える。オランダ語を始めて二年ほどにしかならないのに、すでにそこまで進歩していたのは、ちょっと驚くべき速さであろう。理解力のすぐれていたのは天性でもあったろうが、つとめて勉強もしたにちがいない。源一郎自身、その自伝でこのころは、よく読書したと自讃してもいるからである。

だが、それよりも何よりも、後の源一郎にとって大関係のあることが一つある。それは、このころ、源一郎がその師によって西洋に新聞というものがあることを知ったことである。このころの習慣で、オランダ人は年々渡来毎に、風説書という書付けを長崎奉行に差出して、海外の事情を報告したものであった。これは、当時オランダの幕府への御忠節の一つだなどといっていたものであるが（つまり幕府から公然交易を許されているお礼に何かとお役に立ちたいという気持から出たもの）、奉行はその風説書を名村に渡して翻訳させ、その翻訳を幕府当局に差出すわけである。名村は源一郎が稽古通辞になってから（つまり名村家の一人となってから）、その能文と能筆を知って、口授翻訳の筆記をもっぱら彼に命じた。

源一郎は、喜んでその仕事を引きうけたが、さて不思議と思うのは、オランダ＝カピタン（長船）が出島にいながら、どうしてこうした世界の出来事を知ることが出来るのかということであった。そこで、名村にそのわけを聞いたところ、名村は、西洋には新聞紙というものがあり、毎日刊行で、自国は勿論他国の時事を読者に知らせることになっている。カピタンはそれのおかげでこの風説書を作るのであると教えた。そうして、座右にあったオランダ新聞の反古《ほご》をとって彼に与えて、これがつまり風説書のもとだといった。源一郎は、そのときはまだ自由にこれを読破することは出来なかったが、このとき初めて新聞紙の語を聞き、その物を見たのである。やがて長崎は西洋向き一般の開港場となったので、オランダのほか、イギリス・アメリカ諸国の船も入るようになり、自然それらの国々の新聞も入ってきたので、出島に行くたびにオランダ人から海外の近況を聞くことを、この上のない面白いことに思ったものであった。こうして彼と新聞との生涯の因縁が出来たのである。

名村家の悶着

源一郎が飽ノ浦の伝習掛となった前後、師の名村は、幕府の命で江戸に赴いた。そうして、相当長く家をあけていたものと思えるが、さてこの間に、名村家では、源一郎を中心に大悶著《もんちやく》が起ったらしい。それは、察するところ、少年才子源一郎の出しゃばりに対する古参弟子や家内の人々の反感がもととなったものであろうが、恐らくそれは源一郎を名村家に迎える初めからあったもので、それが名村の不在中、我慢しかねるものがあって、爆発したと見てよかろう。

そもそも名村が源一郎を養子にしたのは、名村一人が源一郎の才悟《さいご》にほれこんだので、ほかの人々（家内も弟子も）はあまり賛成でなかったのではないか。それに、源一郎の気性として、他家に養われたからといって、隅の方に小さくなっていることなど出来ない上に、漢学・オランダ学、皆よく出来るので、名村はこれを愛すること尋常でない。それで源一郎も、つけ上る気味がある。もともと長崎代々の住人でないので、家庭の仕付けもちがうし、また通辞となっても、その勤め振りも地役人《じやくにん》とちがう（いわばはなはだ自由に振まう）、従って家内とも折合いがよくない上、同僚通辞との交際も円《まる》くはいかない。同僚通辞は、いずれも名村の弟子で、家人みたいなものである。そのほか、名村塾内の古参の弟子も若干いたろう。源一郎は、自分が出来るにまかせ、それらの長上者に遠慮せず、自由に振まった。それはつまり、出しゃばりということになる。万事につけて、人に屈下《くっか》するということが出来ない。長上者からいえば、源一郎の出来物《ぶつ》なことは認めても、我慢が出来なかったものがあったろう。しかしそれでも名村がいればそれも我慢していられたろうが、名村上京、そのあと源一郎が名村家の主人顔をするとなっては、もう我慢が出来ないで、とうとう爆発した。その上、源一郎の未来の妻君となる筈の女の子も、源一郎をきらったという。源一郎は、少年時代、色白の小柄な、可愛い少年であったというから、女の子からは好かれてよさそうであるのに、それが嫌われたとは何かわけがあったか。

ともあれ、名村は江戸の用がすんで、帰ってみて、このごたごたに驚いたろう。それでも何とか治めようとかかったらしいが、どうにもならないのを知って、やむなく源一郎を名村家から去り、同時に一応稽古通辞を退役させることにした。そうもしないと、同僚の通辞連が納まらなかったものと見える。それが、十八歳、安政五年の七月であった。

名村家を去る

しかし名村が源一郎の才学・技倆を惜んだことは尋常でなかったと見え、殊に、

御稽古通辞となる

外国船掛となる

外国関係の益々多事になっていく際に、源一郎ほどの才物をそのまま棄てものにすることは得策でないと思ったものか、奉行所では（やはり名村の薦めであろう）、この年八月、改めて御稽古通辞に任じ、翌九月、外国船掛を命じている。もって源一郎の才がいかに得難いものであったかということがわかるであろう。

このあと、名村家と源一郎とはどういう関係になったものか。またもとの師と弟子という関係にもどって出入りしたものか。多分そうであったと思うが、よくわからない。しかし源一郎は、内々長崎での漢学やオランダ学には見切りをつけ、江戸に出てもっと本式に修業しようと考え始めていたろう。そうして、よりよりは、知己の旗本伝習生の連中にその志を語ったろうと思う。彼らはいずれも青雲の大志を抱いていた連中であったから、勿論源一郎のそういう志に賛成して、オランダ通辞が行きどまりという如きは、けちな、小さな事だといったろう。その揚句は、われらも伝習が終って追々江戸に引き上げるから、どうだ、一緒に江戸に行かないかというような誘い水を向けたかとも見られる。こうして、源一郎は、父の許しも得、この年（すなわち安政五年）十二月、軍艦頭取《とうどり》矢田堀景蔵に伴われ、咸臨《かんりん》丸に乗って、海路江戸にやって来た。

江戸に至る

　このとき、父はわが子の前途を案じ、在江戸の知己なり朋友なりにあてた紹介状を沢山もたせてよこした。それは、幕吏では水野筑後守（忠徳）・岩瀬肥後守（忠震）・永井介堂・川路聖謨《としあきら》・平山謙次郎・永持亨《こう》次郎・柴田貞太郎、儒家では林図書助《ずしよのすけ》（号藕黄《ぐうこう》）・安積艮斎《あさかごんさい》・古賀謹堂（また茶渓、蕃書調所頭取）、オランダ学家では伊東玄朴・杉田成卿《せいけい》・箕作阮甫《みずくりげんぽ》などの人々であった。また彼自身の先輩として交わった人々には、前記矢田堀のほか、勝海舟（麟太郎）・榎本釜次郎（武揚）・肥田浜五郎などがあり、同郷の先輩としては森山多吉郎・高島秋帆《しゅうはん》などもいた。

（備考。ここでちょっと注意を要する件があるが、それは、源一郎の上京が、安政四年か五年かということである。同じく源一郎、すなわち後年の桜痴の手なり口なりから出たことなのに、『仕途日記』や自伝では、安政五年十八歳となっているが、門弟榎本破笠《はりゅう》の筆記した『桜痴居士と市川団十郎』では、安政四年十七歳となっている。なお桜痴の直話といったようなものにも、十七歳上京ということがたびたび見える。これはどちらが正しいか。四年とすれば、四年として都合のよいこともいろいろあるが、都合の悪いこともある。江戸を喰いつめて地方に流れ出たということなどは、四年説の方が都合がよい。しかし名村家を去って後に、オランダ通辞になったり外国船掛になったこととの五年説が動かないとせば、これは、四年では都合がわるい。それでは五年説でひどく都合がわるいことがあるかというと、そうひどく都合がわるいことはないが、ただ時間的に種々な事件がたて込んで、いかにも窮屈になる。しかし、世の中には、わずかの時間にいろいろな出来事の重なることもあることであるから、本文では、安政五年説を認めて、そのままにしておいた。しかし安政四年上京説も、きっぱりと打ち消すきめ手がないということは、承知しておいていただきたい。)

2　江戸に出《い》ず

さて江戸に来た源一郎は、結局は学問による立身出世を目ざしたとして、さしむきは何をやろうとしたか。彼は漢学の出来る上に、洋学も出来た。二学ともに修めて、よい時機をまつのがよいと考えるのが自然である。そこで一応矢田堀の塾におちついて、まず安積艮斎について聖堂で漢学の仕上げをかけることにきめた。そうきめた上で、父からもらってきた紹介状をもって、林図書助その他の諸家にも出かけ、また洋学家の杉田・箕作などの人々をも訪ずれたろう。漢学と同時にオランダ学も大いにやりたいつもりであったと思う。何しろ才物であり、学問もわり合いにひろく（艮斎も、さすがは石橋先生の御子息、といったという）、話も面白かったろうし、遠慮はしない。それにどこやら田舎者めかぬ、江戸ッ子らしい淡泊なところもある。出入りしたところのいたるところで気に入られ、好意をもたれたろう。その上、例の海軍伝習生連中の紹介もあり、大ぜいの書生連中とも知り合って、幾ばくも経《た》たない中に、一種の名物男、書生大将めく存在になったという。彼自身、遠い故郷のことなどは忘れて、よい気持で頻りにそこらを游《およ》いでいたであろう。しかし、もし将来の立身を真面目に考えたなら、よく気をつけなければならぬことが一つあった。それは、漢洋学の別で、当時世間ではこれを同等のものと見ていなかったということである。源一郎自身は、漢洋ともに出来て、その長短が比較的よくわかっていたので、別に差別はつけずに同等のつもりで学んでいたが、実際は江戸でも、このころはまだこの二つの学問の世界に差別をつけていた。つまり漢学の偏見で、攘夷の気味がつよく、幕府自身の内部でさえも、洋学の必要は十分認めながらも、学問としては漢学とは同視していなかった。それで、もし源一郎が幕府に仕えて立身したいというのであれば、漢学の方でやるのがよい。もし洋学で大成しようというなら、結局民間でやる。洋学は、いかに大家でも、幕府に仕えるとなれば通訳とか翻訳掛とかいう事務職以上に出られぬ。漢学の方は、時々試験があるので、その学識の如何では、政治向きに関係するという高いところまで立身も出来たであろう。源一郎は年も若く、また立身のことも漠然と考えていただけで、その辺のことがよくわかっていなかった。

安積艮斎に師事

それはともかくとして、源一郎は、聖堂に入って艮斎の講義をきくことになったが、艮斎のこのときの講義は『易経』であった。艮斎は源一郎に会って、彼の学問は一般少年以上に出ていることは認めたが、しかし易の講義はむずかしい。それでなおよく仕度をさせるため、槇《まき》町の溝口誠翁という人物につけて『易経』の講義の下勉強をさせた。誠翁は、商売は売卜者《ばいぼくしゃ》であるが、商売柄、易のことは実によく調べてあって、艮斎も感心していた。それで源一郎を誠翁のところへ下勉強にやったわけである。そのとき、艮斎は、お前さんを溝口にやるのは経学《けいがく》としての易を学ばせるのだから、売卜者になってはいけないよと注意をした。源一郎は、溝口に会って講義の件を頼むと、艮斎の依頼とあって、快《こころよ》く承知したが、さて、同じ易経の講義でも、溝口には溝口の流儀がある。そこでまず算木《さんぎ》・筮竹《ぜいちく》の使い方から始め、『易経』の講義に入ると、ややともすると、人相・家相などにも及ぶ。さては袁柳荘《えんりゆうそう》の『神相全編』などという人相の本も読まされるというわけで、ついには『易経』の講義か人相の研究かわからなくなった上、またまた源一郎の頭のよさにほれ込んだ誠翁から養子沙汰がもち出されたので、これはまもなく切り上げとなった。しかしこの人相研究も、ついには何かの役に立ったろう。

これより先き、江戸について早々のこと、榎本らに案内されて、初めておいらんの洗礼をうけた。このとき師の安積艮斎が先きに立っていったとも聞いているが、これは恐らく伝説か、または吉原まで連れていって、自分は帰ったのであろう。よたよた歩きの七十五歳(翌年歿)の老儒先生が、いかに頽唐《たいとう》の幕末時代だとて、若い弟子と娼家に一泊したとは思えない。ここではただ伝説として書いておく。榎本破笠《はりゅう》が書いているように、榎本（これも榎本）武揚《たけあき》らがつれていったのだとせば、なるほどと首肯出来る。そのとき源一郎はまだ初心《うぶ》で、夜明けて帰るとき、ちゃんと坐って手をついてあい方に挨拶し、「昨夜はありがとう存じました」といったので、あい方はふき出したという。あとでは、福地桜痴といえば、女性に対するあばずれ男で、道楽者で通っていたから、私は、長崎時代から多少女遊びは始めていたのかと思っていたが、実はそうでなく、やはり正直学問一辺に凝っていたものらしい。しかし、さすがはこの方でも進歩は早く、まもなく榎本などを抜いて、吉原通いの優等生となった。彼の人柄にどこかそうした女性にとって面白いところがあったのであろう。

要するところ、安政五年十二月上京以来、六年春にかけての三―四ヵ月の源一郎の生活は、目まぐるしいほどのいろいろな変りようで、よくその真相をつかみにくい。それでやむなく、想像を主にしてまとめておく。

上京直後は矢田堀の塾にいたと思うが、まもなく水野筑後守（忠徳）邸の厄介となったものと思う。そうして悪友もあったろうが、ひとりでも盛んに吉原通いをやったので、まもなく喰いつめて江戸にいられなくなった。何しろ売るものもなくなって、蒲団の皮まではいで売ったというのであるから、思いやられる。長崎では父の厳しい眼が光っていたのだが、今度はそれがなくなったので、自由に羽根をのばして遊んだ。それに書生大将の格になったことであるから、悪友も多かったろう。そこでいかに旗本の居候生活でも、江戸での生活が出来なくなり、仕方なく旅に出たというのである。これは榎本破笠の本の方に見えていることであるが、破笠は源一郎の桜痴から直《じか》に聞いたのだというから、まさかウソではなかろう。それは恐らく安政六年の二―三月のころで、その期間もそう長くはなく、多分二―三週間ほどのことと見たい。それより長くすると、いろいろと差し支えが出来るからである。これが、安政四年上京とするなら、三月でも四月でもよいが、五年暮上京とあっては、そう沢山流浪生活に期間をあてるわけにはいかない。まずこの程度のこととしておこう。この流浪生活で、端なくも槇町で覚えた人相学が役に立った。だがしかし、今それを詳しく語っている余裕がないから、簡単にいうが、ともかく野州(栃木県)宇都宮まで流れていって、土地の人相見の観元堂というのに語らわれて、一ト芝居を書いたりしたが、やがて上州のある土地の博徒の親分のところから旅費をもらって江戸へもどる。親分は、こんな生活はやめて、早く江戸へもどって学問に帰れといった。わずかの時間でも旅の苦労が身にしみたろうから、源一郎もそのつもりで、江戸に帰って、また水野邸の居候となった。そうして、いよいよ漢学を本式にやる気になって、一応聖堂に入った。いまもいった通り、想像半分であるが、そういう順序にしておく。

このとき師の良斎も、林図書助(藕黄)も、源一郎のために早く出世の道をつけてやろうと親切に考えてくれたが、あるとき源一郎に林の口からその案が語られた。それは、やはり幕府御家人《ごけにん》の黒鍬《くろくわ》組の株を買って、正式の御家人となった上で、学問を中立てて聖堂の試験をうけ、それに及第して立身出世の階梯とした方がよいというのであった。これならば源一郎の学力では及第は大丈夫であり、また将来出世次第で幕府の大政の端々に口出しの出来る身分にもなれるというのである。ところが、源一郎は、その林の案を断わった。それは、聖堂に入ってみて、そこで、やっている学問にも、またそこで勉強している漢学書生にも感心が出来なかったからである。その上に、大きな志をもった身が、一時の方便とはいえ、小吏中の小吏たる黒鍬組になることなどは辱《はず》かしいと思ったところもあろう。それで、林の案を断わった。それのみか、聖堂での良斎の『易経』の講義についても、異説を唱えたりしたので、自然この二人から見限られた形になった。そこで漢学をやめて、オランダ一本となったが、オランダ学の方でも、彼が才気に任せて新奇な解釈をふり廻すので、どうも評判がよくなくなって来た。その間で、ただ一人、源一郎の才分を愛して変らなかったのが、同郷の森山多吉郎である。森山は、幕府の外国掛の関係者として多忙ではあったが、やはり塾を開いて弟子を養っていた。そこで、水野のすすめもあったが、結局森山塾に入って洋学をやり直すことになったが、森山は、源一郎のオランダ学の知識を高く買って、すぐ彼を塾頭にした。その一方、源一郎、今度は森山から改めてイギリス語を学ぶことになった。当時、日本中でイギリス語の読め、または話せるのは、この森山とアメリカ帰りの中浜万次郎の二人だけであったので、森山の塾にはイギリス語を知ろうという青年が大ぜい出入りしたが、その中には、福沢諭吉・津田仙弥（のちの津田仙、梅子の父）・富永市造（冬樹）・須藤時一郎（沼間守一の兄）・沼間慎次郎（守一）などがいた。源一郎はこれらの人々とそこで知りあった。その上、彼は森山の勧めで、中浜の塾にも出かけて（隔日に）イギリス会話の練習をした。森山の塾は小石川の金剛寺坂というところにあった。源一郎の森山塾に入ったのは、六年三月中（乃至四月初め）のことと見たい。

この年六月は、日本有史以来の大事件というべき横浜開港の実行された時期である。師の森山は勿論大多忙である。源一郎も師について、オランダ語やうろ覚えのイギリス語で談判の手伝いをした。五月には師を助けて、品川沖に入ってきたイギリス船と談判している。六月には開港御用で神奈川出張である。神奈川とはいっても、これは後の横浜のことである。この間師の口添えもあったと見え、オランダ学を申立てて、正式に外国奉行支配の御雇通辞となり、十人扶持をもらうことになった。それは、この年七月である。結局幕府の御家人《ごけにん》に納まったわけであるが、ただ黒鍬《くろくわ》出身の漢学組とちがって、この方は、どこまでも外国と応接・交渉する事務官である。年功報酬はあがるが、大政参与などという立身出世の見込みは、まるきりない。自由といえば自由であろうが、損得をいえば、生涯にわたって大きな損をしたことになる。しかし源一郎はこのとき十九歳、まだ若

御雇通辞となる

いのでそういう損得には気がつかなかった。
『還魂資料』の中に、安政六年夏の『星泓詩草《せいおう》』の見本が引いてあるが、ちょうど時期が合っているので、このころの源一郎の生活がよくわかっていて面白い。それを引用しておこう。

余、近来酒に因って病を得。医生余を戒《いま》しむるに禁酒を以ってし、一滴も口に入るを許さず。加うるに裘葛《きゅうかつ》（衣）業已《すで》に典《てん》じ尽し、復《ま》た一物の黄白《こうはく》に代うる無し。

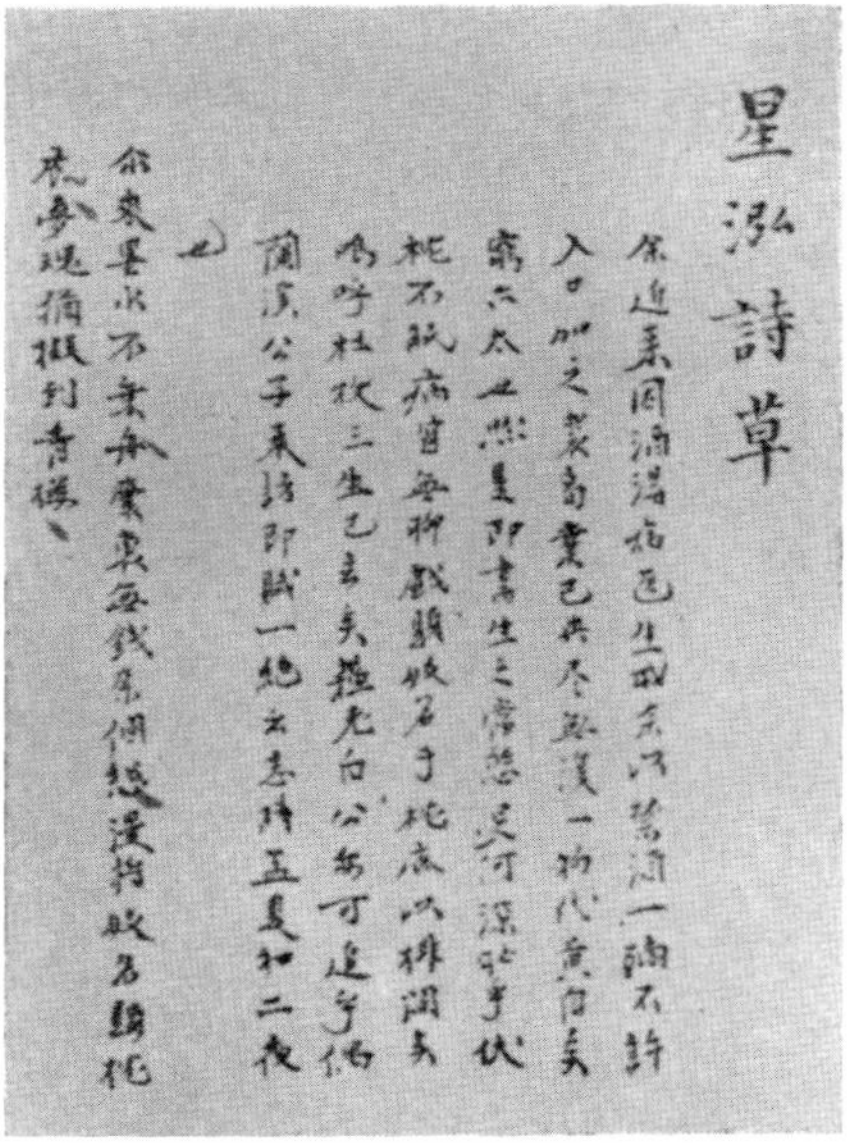

『還魂資料』の一節「星泓詩草」

窮も亦太《はなは》だしき也。然れども是れ即ち書生の常態、何ぞ深く恥づるに足らんや。枕に伏して眠らず、病窓無聊《ぶりよう》、戯れに妓名を枕底に題して、以って悶を排す。嗚呼《ああ》杜牧《とぼく》・三生已《すで》に去る、蘇老・白公、亦た追う可けんや、云々。

これは詩の序である。この序があって、さて詩に入る。序中の蘇公は東坡《とうば》、白公は楽天であろう。

爾来、墨水、舟に乗らず。
嚢裏銭無し、個《こ》の愁を奈《いか》んせん。
漫《みだり》に妓名を将《も》って枕底に題す、
夢魂猶ほ擬す、青楼に到るに。

この暑いのに女をつれて墨水に遊んだらよい気持だろうが、銭がない。その上病気とあっては、いよいよ仕方がないので、枕の底に馴染みの女の妓名を書き並べて、その枕をしてお茶屋に行った夢でもみるとするか、というところであろう。

ところが、これを作って吟じてみて、これではいかにも貧乏にまけたようで意気地がないと気がついたか、もう一首作った。

前詩、事を云う、頗る窮を嘆ずるに似たり。
余の本志に非ざる也、云々。」
何ぞ嘆ぜん、墨沱《ぼくた》(隅田川)久しく舟を絶すると。
本《もと》知る、窮達は愁う可きにあらずと。
妓名題し従えて、孤枕《こちん》存す。
夢は繞る、仲街の旧酒楼。

銭がなくて舟にのれないなら、のれなくてもよいではないか。人生の窮達は、もともと心にかけるに足りないものである。幸いここに知り合いの女どもの名を書いた枕がある。これでも枕して一と眠りして、いつもの仲ノ町のお茶屋にでも遊んだつもりになろうという。仲ノ町は、よくは知らないが、吉原の仲ノ町であろう。これで、彼も元気をとり直した。

詩は一時の即興詩で、格別巧拙を論ずるがものはないが、ただその達者をほめておく。問題は、初めの詩序で、そこでは酒によって病を得たとしてある。元来源一郎は酒を飲まない人物で、後でも、人の酒席で大福餅をくって相手をしたという逸話を残しているほどである。しかしこれでみると、若いときには相当飲んだものであろうか。それが身体をいためたので、あとで飲まなくなったものであろうか。漢詩・漢文は大袈裟な誇張もかくが、「因レ酒得レ病」はただの形容詞であろうか。どちらでもよいが、今は、初めは飲めたのではないかという考え方をとっておく。もっとも酒席で大福餅を喰ったとしても、そう驚くに当らない。私は、文字通り酒を飲まない男であるが、それでも若いころは、交際上たびたび酒席に出入りしたことがある。そのときは必ずテッポウ玉の罐を懐中にして出かけたものであった。想うに、テッポウ玉の方が大福餅より数等始末によかったと思う。勿論女どもからは大笑いに笑われて、しまいには一口話にされたが。

3　徳川幕府に仕える

(一)　安政六年――万延元年

正式に御家人の資格を得る

源一郎が徳川幕府に仕官して、御家人の列に入ったのは、安政六年(一八五九)の五月からであるが、正式に御雇通辞の辞令をもらったのは、その七月である。禄も御雇にふさわしく、十人扶持というのであって、表立って禄といえないほどのものであるが、翌年万延元年(一八六〇)には、外国奉行支配同心格という正式の御家人の資格をもらい、通弁御用と職責もはっきりした。禄も三十俵二人扶持というので、まず御家人として一人前となった。背後では、当時外国奉行であった水野筑後守(忠徳)や、支配方の森山多吉郎などのいろいろな世話があったことであろう。一人前の御家人になった嬉しさに、林藕黄《ぐうこう》のところへお礼のつもりで顔出しをしたら、洋学嫌いの藕黄は腹を立てて面会もせず、玄関から逐い返したという。藕黄は、折角の好意を無にされたことも怒っていたものであったろう。

『懐往事談』

源一郎の著『懐往事談』には、この年以後明治になるまでの約十年間の幕府外交の動きを巨細《こさい》に語っているが、今それにつられて細かい叙述を始めると、面白い事件が多いだけやめられなくなるので、やはり自伝というものを中心にして大体を摘《つま》んでいこう。

仕官最初の安政六年と、その翌万延元年は主として外人通訳の仕事が主で、六年七月にはもうロシア公使ムラヴィヨフ一行を品川に迎えたりしているが（樺太国境問題を確定する件）、大体は横浜すなわち神奈川出張で（運上所すなわち税関詰）奉行水野の下で忙しく奔走したものらしい。何しろ開港早々の際であるから、雑事彙集《いしゅう》の有様で、この上なく忙しかったろう。松木弘安（のちの外務大臣寺島守則《むねのり》）とか、立石得十郎などという同僚も同じく横浜詰めであったが、この立石も長崎の出身であ

幕府の遣米使節

った。万延元年は幕府の使節が初めて外国の土を踏んだ年として、日本外交史上記念すべき年であるが、使節を出すことは前年から分かっており、始めの予定では、奉行水野がみずから正使の役を買って出て、親しく外国（アメリカ乃至ヨーロッパ）を見、その経験を幕府将来の外交に生かそうというのであった。ところが、この年の横浜開港につき、横浜は神奈川か否かという問題がもち上り（条約には神奈川とあり、幕府はこれは東西に別れる要衝だからというので、ここを開港場にして外人に明け渡すことを好まなかったので、横浜も神奈川の中だとして、ここを開港場にした）、問題がもつれたところから（結局は横浜でよいとなったものの）、奉行は責任上辞任したので、アメリカ行きは出来なくなった。それで急に新見豊前守（正路）・村垣淡路守（範正）の一行ときまり、勝麟太郎を船将とした咸臨丸の太平洋横断の壮挙となった（もっともアメリカの艦船が何隻か一緒についていった）。一行の中には福沢諭吉がいたことは、『福翁自伝』の中に特筆されている。また日本開闢《かいびゃく》以来の壮挙で、西洋一番乗りと考えられていたので（事実は必ずしもそうでなく、伊達政宗の昔支倉《はせくら》六右衛門などの如きもあったが）、特筆にも値するというものである。

渡米の選に洩れる

水野もこの番狂わせにはがっかりしたろうが、それよりがっかりしたのは、源一郎であった。彼は内々水野から外国行きのことを聞かされ、そのときはお伴をすることになっていると聞いて、有頂天《うちょうてん》の喜びをしていたものであったからである。まだ若いので功名心も強く、虚栄心もあり、イギリス語学学問の力もわかりかけてきたところであるから、それこそ西洋一番乗りをして日本国内に不朽の名をあげようと思っていたのである。ところが水野がやめて他の人と代ったので、源一郎も随員一行からはぶかれ、同僚の立石得十郎が行くことになった。源一郎は生来なかなか愚痴をこぼさぬ人物であるが、このときだけは愚痴たらたら、何とかして他の上司の手についてでもアメリカに行きたいと、いろいろ工夫も奔走もしたらしい。しかし何ともならず、結局泣き寝入りということになった。『星泓雑著』

の中に「関根子に与うる書」というのがあって、その辺の心事をもらしている。

（前略）僕ノ米征ヲ能クセザルヤ、命《メイ》也、云々《ウンヌン》。天、実ニ之ヲ為ス、其レ又誰ヲカ尤《トガ》メン。僕初メ米征ノ挙有ルヲ聞キ、奮然トシテ自ラ謂《オモ》ヘラク、已《スデ》ニ男子ト為《ナ》ツテ宇宙ノ間ニ生ル、則チ外征ニ非ザレバ、名ヲ揚グル能ハズト云々。既而《スデニシテ》同僚ノ訳吏立石某、米征ノ命ニ撰挙セラル。僕此《ココ》ニ於テ自ラ安ンズル能ハズ、終夜眠ラズ云々。謂《オモ》ヘラク、父母老耄《ロウモウ》セリ、孝養ノ日、旦夕《タンセキ》ヲ存ス。然ルニ僕千里ノ外ニ客遊セントスル者ハ、佗《タ》無シ、一成功有ツテ、父母ノ喜顔ヲ見ント欲スルノミ云々。

源一郎がいかにこのときの選にもれたのを残念がったか、これでわかるであろう。ただこの「書」を与えられた関根某が誰の家来か、またどういう人物かわからないのが惜しい気がする。彼の代りに勝・福沢は、このときのアメリカ行きの経験で、一足先きに世界的眼光をもつことが出来、それでそれぞれ彼らの見識の成長に役立てることが出来た。

咸臨丸の壮挙は壮挙とし、万延元年は内外多事の年で、三月桜田門外で井伊大老が殺され（源一郎は、この人のことをあまりよくいっていない。表面は開国の英断家となっているが、それはやむを得ずにやったことで、内実はやはり攘夷家であったと見ている）、それを機に朝廷でも江戸でも攘夷の勢力が大いに強くなる。九月にはプロシヤ（ドイツ）の使節が江戸湾に入って通商を乞う（十二月に許可調印）。十月にはアメリカ側の書記官ヒュースケンが、江戸市中で斬られる。十一月には元外国奉行堀織部正《おりべのかみ》（利熙）が閣老安藤対馬守（信正）と議が合わず、自殺したということもあった。

（二）　文久二年の洋行

外国方定役格となる

文久元年（一八六一）には、源一郎は二十一歳、外国方での位地が上って、この年九月に同心《どうしん》から定役格《じようやくかく》となり、禄も五十俵三人扶持のほか、別に十人扶持がつくことになった。そうしてこの前年あたりから、横浜出張からもどって、江戸城

鎌田さと子と結婚

内の外国方を中心にいろいろと奔走していたものと見える。これより先き彼は、この年六月、彼がその師森山多吉郎の世話で、鎌田さと子を迎えて結婚した。新婦さと子の素生については、硬軟二説あって、どちらが真実かははっきりしないが、硬い方の説では、深川の商家（両替商《りょうがえ》という）の出といい（『桜痴居士と市川団十郎』）、軟い方の説では、吉原江戸町の菓子屋竹村の看板娘で、源一郎がその器量のよさにほれ込み、自分から望んで妻に迎えたものという（鈴木氏編『明治閨秀美譚』）。当時の源一郎の生活振りからすれば、この江戸町出身説の方が真実らしいが、こういう事柄はそう一概にはいえない。あるいは案外手堅い両替商の出身であったかも知れない。もしそうした手堅い家の出身で、あの道楽者の源一郎を道楽者のまま生かして引き廻したものとすれば、このさと夫人は、内実は天晴れな賢妻であったかと思う。現に、結婚当夜も新郎源一郎は吉原に出かけていって帰らなかったという逸話が残っているほどである。このころは、源一郎の吉原通いが、なるほどもう膏肓《こうこう》に入ったもの

桜痴号を使用

新居

で、一書生の身に毛の生えた位の出世振りなのに、吉原三千の美妓の間を游《およ》ぎ廻って、眼中人なき有様であった。殊にこのころは、某楼の妓桜路《さくらじ》という女性と深い仲になって、その詩に始めて桜痴という号を用い始めている。このころの吉原の何楼にそういう女性がいたかいなかったか、私は吉原学の方は一向不案内であるから、誰か吉原細見《さいけん》の研究家にでも聞いてみようかと思っている。夫婦の新居は、師の森山の塾に近い小石川金剛寺坂（今の金富町の近く）であった。

この年も外交的には勿論多事であったが、その主な事件は、この年春のロシア軍艦の対馬島占拠事件と、五月の高輪東漸寺イギリス公使館夜襲事件とであろう。前者は、普通の談判ではなかなか埒《らち》があかず、ついに小栗上野介（忠順、時の外国奉行）が対馬に出張するという大事《おおごと》にまでなったが、それでもロシア側が引上げないので、やむなくイギリス軍艦の威勢を借りて、やっと片づけた。これは勿論源一郎としては、直接取り扱った事件ではなかったが、後者は、当夜用事で現場に居合した源一郎が直接見たものである。それは、『懐往事談』に詳しく出ているので、それで読めるが、これは、夜襲の浪士側が殆んど斬殺されたので、一応幕府側の面目は立った。なお前年のヒュースケン一件が、外国外交団の激昂を買い、この年に及んで更にもつれそうになったが、これは当のアメリカ公使館側の態度が穏便であったので、それほどの大事件にならずにすんだ。すべてはタウンセンド＝ハリスの日本に対する好意からであった。

横浜開港を断行した井伊直弼《なおすけ》が真の開国主義者であったかどうか、私が今でも疑問としているところであるが、それはともかくとして、彼が時局に英断を下して、日本を開国に向けた偉物であったことは何の疑いもない。しかし彼の死後の幕府には彼の政策をつぐ勇気がなかった。もともと幕府の当局も、必ずしも最初から開国主義者だけというのではなかったから、井伊の死後、次第に方途に迷い、開国・開港の自信が薄らぐとともに、京都を中心とした攘夷の空気に抑えられて、開港延期説が勢力を得てきた。国と国とがきめた約束の形になっているから、開港がそう簡単に延期出来るかどうか、よしそれが出来ないにしても、延期の談判は攘夷論者を抑える一応の口実ともなり、また幕府政治の方針を立て直す時間稼ぎにはなる。かねて幕府当局では、すでにアメリカに対して使節を出して敬意を表したのである以上、ヨーロッパにも出すべきであるという意見が強まっていたのであったから、それではこの際ヨーロッパ諸国向けの使節を出して各国に敬意を表すると同時に、国情をのべて開港の延期をもとめたらどうかということになり、結局それにきまって、十月使節の人選をしたが、公使は外国奉行兼御勘定奉行竹内下野守(保徳)・外国奉行松平石見守(康直)・御目付京極能登守(高朗)の三人、世評ではまずまずの人選といわれたが、心ある人々は、出来れば水野(忠徳)・岩瀬(忠震)・永井(尚志)・川路(聖謨)などという連中をやってヨーロッパの形勢を見せたいものだと思ったという。随員は外国奉行支配組頭柴田貞太郎（のちの外国奉行、日向守）以下数

通弁方として渡欧使節の随員に加わる

十人というのであったが、このたびは、運よく源一郎も通弁方として加わることが出来た。福沢諭吉は翻訳方として二度目の洋行をした。行く先きは、当時締盟国のヨーロッパ六ヵ国、すなわちフランス・イギリス・オランダ・プロシャ（ドイツ）・ロシア・ポルトガルの国々であった。

渡欧の準備

使節一行出発の準備が、今日からいっていかに馬鹿々々しいものであったか。それは『懐往事談』にも一ト通り書いてあるが、福沢の『福翁自伝』には殊に詳しく面白く書いてあるから、それによって知られたい。福沢は、すでに万延のアメリカ行きを経験していたのであるから、殊にそれが馬鹿々々しくも可笑《おか》しくも見えたものであろう。ヨーロッパといえば恐ろしい遠い国というほか、そこの生活・文明・衣食住、そのほかが使節には一向見当もつかないのであるから、彼らはただ封建的観念からいって日本の武士として恥かしからぬ態度ということを専一と心得、折角そこまで行くのであるから、そこの文明をどう学んで日本の進歩・開国にどう役に立てようなどということは殆んど考えなかった。それだから彼らの注意が鉄燈籠《かな》や万年味噌とか茗荷わらじなどに集注されたのも無理ではなかった。しかしこれらの記事をよむと、日本がすでに開国時代に入ったといいながら、日本上下、殊に幕府上司の人々がいかに西洋というものに無知であったかということがよくわかるのである。

使節は、それでもこの年の暮十二月、ともかく準備を終えて、イギリスの軍艦オージン号に乗って出発をした。そうして一行は、翌文久二年（一八六二）一月にスエズ上陸、三月フランス入り、ナポレオン三世に謁見、四月イギリス、五月オランダに渡り、六月まで滞在（六月十八日に源一郎はオランダから故国の父荷庵《こうあん》にあてて手紙を出しているが、しかしその荷庵は五月十七日長崎で歿していて、これを見ることが出来なかった。荷庵の『茂園詩草』の最後の詩は、「児萬世（源一郎）官シテ江戸ニ在リ、今冬（辛酉文久元年）命ヲ奉ジテ公使ニ泰西六国ニ随従ス、懐《おも》フテ此ノ体作リ」云々というものである。彼は児源一郎の前途に洋々とした望を抱いて歿したものと見える）。オランダからロシア・プロシヤ・ポルトガルと巡回し、この年秋今度はフランスの軍艦で送られて、十一月帰朝した（野崎氏の著『私の見た明治文壇』の中のいわゆる自伝では、文久三年三月帰朝云々となっているが、これは恐らく野崎氏の誤写か誤記で、二年十一月帰朝は、『懐往事談』の所記を正しいとみるべきであろう。さもないと二年十一月以後の約半歳の間、日本使節一行は何処で何をしていたものか一向消息がわからなくなってしまうからである）。

福地源一郎，22歳，（パリにて）

一行の使命中、締盟各国

の君主または政府に敬意を表する件は、勿論無事すんだが、開港延期の件は、国によってはそう簡単にいかず、途中で本国から森山多吉郎一行が幕府の新訓令を携えて応援にかけつけて（五月）、やっと延期談判をまとめることが出来た。その延期は五ヵ年で、これで幕府は一応外交上の葛藤を回避することが出来たけれども、一方では大きな代償を払わされた（輸入物品の関税の大幅低下その他の件々）。そうして、それで日本の外交は明治に入ってまでも、条約改正問題で苦しむことになるが、この改正に苦しんだ人々が、このとき過激な攘夷論で幕府をいじめた人々であったのだから、因果の道理は生きているといえる。

カラフト問題

それはしかし目前の火の粉を払うためやむを得なかった処置として、ロシアに行ったとき、ロシア側で、このとき、前々から懸案となっていたカラフト境界の問題を持ち出し、日本に対して比較的好意を示した態度で（北緯四十八度境界）解決しようとした。日本使節はしかし、いろいろ議論の揚句、権限のないことを理由にそれを他日に延して帰った。この当時なら、これは日本にとって有利な解決策であったろう。源一郎らはこのとき、解決断行論で、翻訳方の箕作秋坪《みずくりしゅうへい》と二人で竹内下野守（保徳）に建白書を出したが、ついに効目がなかった。このとき延期したのが祟って、あとでカラフト全島がロシアのものになってしまうことになるのである。

福沢の『西洋事情』

このときのヨーロッパ巡りは、西洋文明を実地に見聞する好機会であったから、使節一行よろしく十分知見をひろめて、日本のために西洋文明を学んで帰るべきであったのに、前にもいった通り、皆殿様で、武士の面目云々にのみ拘泥して、肝腎の文明進歩はすっかり雲煙過眼視《うんえんかがんし》し、わずか少数の有志の人々がそれに注意したのみであった。福沢諭吉は、さすがによく注意もし調査もし、このときの経験や見聞をまとめて『西洋事情』内外篇を綴った（慶応二年出版）。わが源一郎はどうしたか。子どものときの大言のように、沢山のお土産をもって帰ったかどうか。

いかに才子の源一郎でも、語学はまだ十分といえず、書物もそう沢山読んでいたのでもなかったので、この一度で西洋文明の神髄を何から何までつかむということは出来なかったろうが、その才分の及ぶ限り、相当多く学ぶところがあり、西洋文明の表面から内容まで受け容れ得る限り受け容れたろうと思う。そうして、お茶屋学問の卒業生である彼のことであるから、西洋と日本との比較についても、いろいろ面白い発見があったのではないか。

西洋文明を受け容れる

彼も、福沢と同じく、帰朝後、その見聞を報告書風のもの四－五巻にまとめたというが、それは然し、著書とせずにあくまで報告書のつもりで上司の手もとに差出したので、甲から乙へと転々している中に、維新の際行衛不明になってしまったという。惜しいことであった。

福地の報告書

内容は、源一郎自身のいうところによると、『西洋事情』とほぼ同じような材料をまとめたものであったというから、もしそれが残っていて、『西洋事情』と比較することが出来たら、維新前の日本人の西洋文明観を知る上において面白い資料を提供したのではなかったか。福沢は才分もあるが、その才を恃《たの》まぬ実着な人物であり、従って西洋文明の見方も実証的にやった。福地は才子をもって自ら許していたので、その西洋文明の理解も表面的にひろく渡るという風であったかと思うが、しかしその才子的眼光のふるるところ、時として内外比較の上に意外な点をとらえ得て、大いに読む者を感心させたかも知れない。この報告書のなくなったのは、何としても残念であった。

源一郎は、この行中、つとめて読書もし、イギリス・アメリカ・フランスなどの歴史・政治に関するものをいろいろと読んで、世界の進歩とか議会政治・共和政治とか、自主自由とかいう知識も仕入れたという。政治家の義務とか、人民の権利・選挙・輿論の主張などのこともそうした知識に入っていたかどうか。ともかく新聞・雑誌の盛んな有様には眼を驚かしたことであろう。その辺は福沢とてもほぼ同じことであったろうが、源一郎は、そのほか妙な機会から西洋の演劇にも興味をもつことになり、さてはそこから西洋文学一般にも眼をくばるようになった。これらの件については、またあとで別に述べるとしよう。

(三) 文久から元治へ

使節一行は、文久二年十一月帰朝したが、そのときの日本は、攘夷の空気の真《まっ》盛《さか》りで、ヨーロッパ旅行の土産話一つさえ殆んど出来ない有様であった。一行は西洋にいる間に、この攘夷論の盛り上がりから日本国の評判のわるくなったことは知っていたが、まさにこれほどとは思わなかった。それで、一行が西洋から帰ったからといって、誰もその土産話を聞きに来もせぬのは勿論、一行自身、用心してなるべく西洋のこと、ヨーロッパのことは口にせぬように警戒した。しかしこれはよろしくあべこべであるべきで、もし日本が本気で攘夷をやる気があったなら、西洋を実見してきた一行について、その実地・実力の如何を大いに聞くべきが真実であったろう。彼を知り己れを知るというのがわが兵法の極意ではないか。しかるに西洋のことを聞きも知りもせずに、ただ攘夷攘夷と唱え廻るというのは、その本志が真に攘夷にあるのではないので、攘夷を名として幕府いじめをやるのが目的なのである。使節一行の用心も、つまりはその辺を心配してのことであった。

そういう意味で、帰朝一行の中では、わが福地源一郎は、第一の注意人物となった。これは年少で思慮が浅く（そう考えられていた）、洋学が出来るのみでない、漢学・詩文ともに出来、天才風であって、弁論好きであり、むしろ多弁である。その上花柳社会出入りの人物によく見る通り、交際好きで、上下、洋漢学、誰とでもつきあう。これを放しておけば、聞かれるままに西洋政治・西洋文明論の讃美を滔々《とうとう》とやりそうである。老成の上司からは、彼こそつまりは攘夷論をあおり立てる危険な火口の一つと見られたので、帰朝後、翌文久三年（一八六三）の二月まででは、殆んど城中にも出仕させず、なるべく自宅で調査仕事ばかりさせられた

（前の報告書作成もこの間の仕事の一つであった）。組頭柴田貞太郎は、実着第一の人物であったので、大方この柴田から支配の森山に話してそうしたものと、源一郎は想像している。その間、勿論ヨーロッパ巡回の賞与はもらった。

この間、幕府の政策は一変し、すべて京都の攘夷論に応じて動かされる有様で、攘夷実行の約束を奉じて将軍家茂《いえもち》は、重臣・大兵をつれて、三月上洛した。同時に外国方も急に多忙になって、源一郎もようやく自宅調べから解放されたが、それは、それまでたかをくっていた前年（文久二年）の生麦《なまむぎ》事件が、イギリスの態度硬化で急変し、十万ポンド要求という大事件となった結果であった。イギリスは本気か虚喝《きょかつ》か、ともかく最後通牒をつきつけ、今にも戦争になるような騒ぎであったので、江戸中が大あわてにあわてて、市内から疎開する仕度をしたほどであった。そういうことで、源一郎は閑散無事から急に大多忙になって、通弁に翻訳に日もこれ足らぬという有様になった。しかし幸い五月になって、幕府がイギリスの条件を呑んで償金を出すことに話がついたので、戦争にならずに済んだ。一時は源一郎も戦争覚悟で、内々出入りのお百姓（大久保辺）の家をかりる仕度をしたほどであったという。

しかし生麦事件の落着はそれだけではすまなかった。そもそもの元は、生麦の杉並樹で薩摩藩士が、藩侯の行列の先きをきったイギリス人を斬ったところから起った事件であり、幕府の責任は償金支払いですんでも、当の下手人たる薩摩藩士とその藩主の責任をどうするかという問題は残る。イギリスは、これについて直接薩摩とかけ合うというが、それをそうさせては、幕府として面目が立たない。なぜとなれば、幕府は日本全体の政治に責任を負うているものであり、ここでイギリス対薩摩の直談判を許しては、薩摩が幕府権力の除外例に立つことを認めるにひとしい。理はそうであるが、しかし幕府当局には薩摩嫌いが多かったから、この際直談判で薩摩を苦しめた方が痛快だと思わぬ人々もないではなかった。さすがに外国方では、この国権の義をわきまえて、薩摩の責任の分も幕府が引きうけてイギリスと落着をつけるべきであるという議論がつよく、まず外国方の輿論のような形で、奉行までその旨を申し出た。源一郎も勿論その一人で、恐らく先頭に立って主張した方であろう。この主張は、なかなかその通りには行われなかったが、しかし国権の問題だけに、幕府当局も放任出来ず、イギリスに対して、薩摩へは一応幕府の手を経て返事させることにするから待ってくれ、薩摩がもし幕府のいうことをきかなかったら、そのときは直談判もやむなしと告げて、そういうことになった。しかしそれが実際は、なかなか簡単に片つかず、もつれもつれて薩摩対イギリス（いわゆる薩英戦争）となったことは近世史上顕著な事件となっている。これは、五月の落着のあと三月、この年八月のことであった。

源一郎は、元来をいえば、三月将軍上洛のときに、外国方からの扈従《こしよう》の一人として京阪に赴くべき筈であったのである。ところが将軍一行が陸路をとるときま

源一郎、水野忠徳を訪れる

ってから、どういう都合でか、一行から省かれることになった。しかるに生麦事件の落着のあともなく、やはり別の変ったことで、京都入りをしかけた。それには、多少入り組んだ訳があったので、いわば政治的な動きであったのである。

水野筑後守（忠徳、隠居して癡雲と号す）は、長崎以来の源一郎の知己であり、また外国奉行その他の要職についたこともあり、源一郎からいえば居候《いそろう》をして衣食の世話もうけた。恩人でもあり、上司でもあり、いわば親分的存在でもあった。その水野が井伊以後の幕府政治の行き方にあきれて、憤慨のあまり隠居して、政治の表面から一切引退した。これは、ちょうど源一郎が洋行中のことになるが、帰朝した源一郎は、政況一変に驚いて、早速水野のもとに伺候して、これはどうしたことだと尋ねたものである。水野は平生から源一郎の才識をわりに買っていたものらしく、ただの才子ではなしに時局有為《ゆうい》の士と見ていたものであったから、時局の動きを巨細《こさい》に語ってきかせた上、幕府内および京都朝廷の攘夷の空気に対してつよい憤懣《ふんまん》を打ちまけてみせた。このとき、京都方は幕府をおどかすために、攘夷の実行のためには焦土戦術でも何でもやれといったという。水野はそれについて（彼は勿論開国主義である）、今日西洋というものの力を少しでも知っているものからいえば、攘夷など出来るわけがない。それなのに何でもかんでも攘夷をやって、焦土戦術さえとれというのは、それはつまり一時の政策のために日本全国を犠牲にするものであって、絶対従えない。もしそれが果たして天皇の御志であるなら、廃帝を行ってもそれをやめさせるべきであろう（『懐往事談』にはそうある）。一応は諸外国の意に従い、開国・交易をして、しかるのち徐々に日本を世界的に建て直していく、それが真の愛国の道ではないか。水野は言葉を励まして大体こういう意味のことをいったという。源一郎も首肯せざるを得なかったろう。水野は恐らく、このとき、源一郎にその意中を示してこういったのではないか。自分は今や隠居で、閑雲野鶴《かんうんやかく》であるが、しかし機があれば、もう一度乗り出して誤まった攘夷論を抑え、将軍および幕府政治を救済して、正しい開国主義を実現したい。そのときは、お前も同志として一臂《いっぴ》の力を貸してくれ云々。源一郎は勿論喜んで承知したことであろう。『懐往事談』には、そこまで露骨に書いていないけれども、どうも二人の間にそういう黙契《もっけい》が出来ていたものと想像しても無理ではなかろうと思う。

小笠原長行の改革企図

これは大体文久二年十一月か十二月ころのことであろうが、前にいった通り、翌三年三月には生麦事件の急迫化となり、五月やっと解決を見た。このとき、将軍および上洛重臣の意を体して事件解決のために下ってきたのは、老中小笠原図書頭(長行)であるが、烱眼《けいがん》な水野は、このとき小笠原を抱き込み、京都攘夷派に対して捲き返しの一幕を企てた。それは、名目は将軍お迎えというので、将軍が上洛したままでは、幕府政治は二分された有様となって、政治の実が挙がらない、よろしく将軍に早く江戸に帰ってもらって、はっきりした態度で開国なり攘夷なりの政策をやってもらおうというのである。そうしてこの策が成功して、留守幕府では小笠原を大将として何大隊という旗本の壮士をつけ、京都に向けて出発をさせた。これは名目は将軍お迎えであるけれども、実は京都に入ると、実力で攘夷論の諸藩や浪人を抑え、将軍を擁して朝廷にも開国政策に踏みきらせるつもりが本音であった。一行中には水野は勿論、源一郎も、水野の家来のような格好で加わっていた。源一郎は、初めての政治的行動に胸をわくわくさせていたことであろう。

しかし朝廷方・攘夷浪人側も、もちろんぼんやりの大言壮語連中ばかりではない、智恵もあり眼はしもきく、殊にスパイというものもある。小笠原一行が大兵を率いて将軍お迎えに入洛するというのを知って、早くもこれは捲き返しのクーデターをやるつもりだなと感じた。それで早速その筋を動かし、将軍に対して一行の入洛差し止めの命令を下すようとの朝命を下させた。将軍は正直な若ものであり、勿論事を好むことはしない、側近の幕府側の人々も真の政治家というほどの人々がいなかったので、勅命・台命で、一行の入洛さし止めにかかった。このとき小笠原達の一行は、大阪を経て、もう淀まで来ていたが、もう一歩というところで、入洛さし止めを喰ったわけである。しかし小笠原が胆略のある政治家ならば、ここで差し止め命令を押し切って、ともかくも入洛すべきであったろう。しかし小笠原にはそれほどの度胸はなかったので、空しく差し止め命令に服し、更に大阪に引返して後命をまつことになった。こうなってはいかに水野の秘策があっても、万事休すで、やがて将軍以下の下阪となり、首謀者の罰となって、折角の捲き返し計画も水の泡となった。もしこの時、この策が成功していたら、大分面白い結果になったのではないか。攘夷論を抑え、開国論を立てて、朝廷をも抱き込むことが出来たとしたら（たとい兵力でにせよ）、徳川幕府の命数が何年かのびたばかりでなく、明治維新というものが、朝廷中心でなく、幕府中心に行なわれたかと思う。ただしかし、これは冒険中の冒険であったので、これを成功させるには絶大の度胸を要する。水野が自分で当ったら、あるいは成功したかも知れないが、隠居・黒幕の身では如何ともし得なかったろう。その上、そういうことで幕府の命脈がのびたとして、さてそれが日本全体の将来の幸福になったかどうか、そこまでは予測の出来ないことである。水野は、徳川家のためにこのクーデターを策したのであるが、さてクーデターのあと、日本をどうするか、そこのところまでは十分考えていなかったのではないか。

源一郎は、クーデター失敗のあと、本来なら何かの罰をうけるべきであったが、水野の好意で、表面的に一行とは別の用事（外国方の）で大阪に出てきたもののようにつくろってもらい、何の用もないのに数ヵ月大阪に滞在した上、十月上旬江戸にもどった。

（四）　元治から慶応へ

眼病を煩う

江戸にもどった源一郎は、思わざる病にかかって引籠っていたが、それにつづいて元治元年（一八六四）の春から更に烈しい眼病を煩い、殆んど半年ほどの間、引続いて病気引籠りをつづけた。この間、攘夷の火の手は強まる一方で、長州の攘夷実行宣言、横浜鎖港の談判、英仏等四国軍艦の馬関砲撃事件などがあり、幕府が鎖港談判のため外国奉行池田長発以下をヨーロッパに送ったことなども、皆病気見舞いの友達の話として聞いたのみであった。八月になって眼病もよくなったので外国方すなわち外国局に出勤を始めたが、そこで知ったことは、池田使節一行は鎖港の談判にいったのに、行く先々のヨーロッパ諸国から鎖港の非文明的な愚挙なることを懇々とさとされ、また一行自体も西洋文明の現実を見て、大いに鎖港の非をさとって帰朝し、早速幕府当局にその旨を述べたところ、使命を達せずに帰った上、そういう開国論などを説くのは怪しからぬというのでそれぞれ罰をうけ、代りとして改めて外国奉行星野備中守（千之）をヨーロッパにやってもう一

外国奉行支配調役並格・通弁御用頭取助となる

馬関償金の談判

度鎖港談判をさせることになったということであった。そうして、どういう都合でか、源一郎自身、星野使節随行の一人と定められ、位地も上って、外国奉行支配調役並格（同等待遇）・通弁御用頭取助《とうどりのすけ》（副頭取）というものになった。祿は百俵十五人扶持である。しかしこのときの星野使節一行の件は、ただ京都および攘夷派大名への申訳というだけのことであったから、自然沙汰やみになった。そうして幕府は、蛤《はまぐり》御門の変の後始末、長州征伐のこと、水戸天狗党の暴挙などで忙しかったが、源一郎らの外国局では馬関償金の談判、税則改正の談判に多忙を極めていた。しかし源一郎自身は、位地の上ったせいか、直接通弁の用をするよりも奉行秘書といった役目となったので、大分身辺が楽になった。

再度の洋行

こうして慶応元年（一八六五）の三月に至ったが、その四月には端なく再度の洋行をすることになった。これは鎖港談判のためではなく、幕府で横須賀製鉄所を設立する用向で、彼地で技師士官を雇入れ、必要の機械物品を購入するためであったので、一行は外国奉行柴田日向守（前度の組頭貞太郎）以下五人という小人数であったが（ほかに多少の随員があったろう）、源一郎もその五人の中に入ったのである。一行は五月出発（イギリス郵船）、七月マルセイユ着、フランスでそれぞれ見学もし、用向も果し（この手際のよい処理は、日本から同行したフランス技師ウェルニーのおかげであった。日本出発のときから製鉄所の長官にはこの人が当ることにきまっていたのである）、十月にロンドンに渡り、イギリス政府に然るべき挨拶をし、また方々見学もして、十一月パリにもどり、十二月初めパリ出発、マルセイユからフランス郵船にのり、翌慶応二年一月十九日帰朝した。

この行は、人数も少なかった上に、その大半は西洋旅行を経験したことのある人々であり、乗船も普通の客船であったので、往復・滞在中、ともに愉快なものであったという。柴田は日本武士の体面云々にはやかましくいったというが、それはその立場上やむを得なかったところであったろう。通訳の方は、一行中の塩田三郎が殆んど一手に引きうけたので源一郎は仕事が忙しくなく、余った時間をひろく西洋文明の見聞や読書に向けることが出来、大いに益をうけたという。

フランスで国際法を勉強

殊に源一郎は、江戸出発前から、森山多吉郎の忠告もあり、外国局上司の内命もあって、一行のヨーロッパ滞在中フランスで万国公法、すなわち国際法を勉強することになっていたので、パリ到着後、早速それにとりかかった。この方向の知識は日本にいるときから、ホイートンやフィリモーアの書物で多少読み噛《かじ》っていたが、今度は本場でそれを学ぶことになったわけである。源一郎は、ウェルニーに頼んでしかるべき法学者を二―三紹介してもらい、いざその勉強を始めてみると、初めから意外の難関に出会った。源一郎の頭の中には西洋流の法的観念がなかった上に、万国国際の歴史の知識が十分でない。これで万国公法研究は無理というので、相手方の法学者は口をそろえて、まず国際関係の歴史を学ぶこと、尋常一ト通りの法律を学ぶこと、その上外交語はイギリス語ではなくフランス語

フランス語を学ぶ

であるから、フランス語を第一に勉強することを勧めた。これはウェルニーも同意見であったので、源一郎も我《が》を折って、ついに日本好きの奇士ロニーという人物についてフランス語から学ぶことにした。それで源一郎が日本出発のときから、天晴れ本場で万国公法を仕込んで、外国公使連中を談判の席上大いに閉口さしてやろうなどと考えていた夢想の大望が手もなく破れたわけであるが、しかしフランス語は本式にやったので（彼は上司から金を前借して大辞書などを買入れている）、それだけは源一郎の身についた利益となった。このロニーについても、面白いことがいろいろあるが、今はその方まで筆をつけないことにする。源一郎は、ロニーからは、フランス語のほか西洋の国際事情その他もいろいろ聞いたことであろう（このとき源一郎は、東洋およびアメリカ人種学会の会員というものにされているが、これもロニーのすすめで入ったものではなかろうか）。そうして、フランス語はフランス語として、イギリス語の書物もいろいろ読んだものとみてよく、それから前度の洋行で面白くなっ

外国奉行調役格・通弁御用頭取となる

下谷二長町に移る

た演劇や文学の方の知識もいろいろあさったろう。

かくて慶応二年一月帰朝、三月には洋行の慰労の意味で、また格が上り、外国奉行調役格・通弁御用頭取に進められ、百五十俵三人扶持の祿取りとなった。幕府の身分では、これでお目見得以上の士分に列したことになる。下谷二長町に邸をもらって、小石川金剛寺坂から移ったのも、恐らくこの前後であろう。前年十月、フランスから留守宅に手紙を出しているが、このときはまだ金剛寺坂の宅宛である。この手紙を頼まれたのは、文久年間オランダに留学して、今や帰国の途中にある幕府留学生の一行であった。この一行の中には西周《あまね》・津田真道などのほか旧知の榎本鎌次郎(武揚)などもいたのである。

帰朝した慶応二年の春から同三年(一八六七)の十月まで約一年半の間、幕府は依然として多事多端を極めたものであったが、源一郎の方は反対に閑散無聊《ぶりょう》に悩んだ。幕府の方は、この間、長州再征、将軍(十四代家茂)薨去、一橋慶喜の相続、幕府の文武制改革、孝明天皇崩御、長州征伐解兵、兵庫開港のもつれ、同開港の勅許、徳川民部大輔のフランス行き（渋沢栄一が一行中にいた）、外国公使の上阪謁見、幕府の陸軍伝習、同兵制改革といろいろな事件がつづいた上、さて突如大政返上ということになる。

その間、源一郎の方はどうしたか。地位の進んだことは、前にのべたが、通訳の職務の方は、もう年少の俊才がいろいろと出てきたのでそう忙しくない。自然若隠居の態となった。ここで、外国奉行あたりの思惑を推測《おしはか》ってみれば、源一郎は才子で、もう二度も洋行し、西洋のことも相当詳しく知っており、学問もある。使えば随分使えるのであるが、しかしどうも危ないところがあって、機密の用は委せられない（そこは彼の師森山多吉郎などとちがう）。また源一郎の方からいっても、彼はこの機会に十分読書もし自重の志も養うべきであったろうが、しかし彼の人柄としてそれが出来ず、年少の気鋭にまかせ、わが才を試みられようという気がつよく、功名心にみちみちていた。それだけに、前からの議論好きが一層熱心なものとなり、なまじ西洋を見聞しただけ、その見聞が皆激論詭言《きげん》の材料となり、ややともすると西洋文明・西洋政治をほめ、日本や幕府のやり方を罵しったので、自然に彼は共和政治を喜ぶものだという風説も立った。

共和政治を喜ぶもの

奥右筆になろうとする

　こうした彼が外国局の立身出世に見切りをつけて職務転換を計ったのも不思議でないが、何になろうとしたかというと奥右筆《おくゆうひつ》というものになろうとした。これは、書道が上手で文章の才も学問もある彼としては、仕事としては、あるいは打ってつけのものであったかとも思う。そこで話は一応スラスラと進んで、今にも成功しそうに見えたが、上司の耳に例の共和政治云々の風説が入ったので、それは危ないというので、駄目になった。そこで今度は、外国留学のことを考えた。外国へ留学させてもらって、前にやりかけた万国公法、すなわち国際法学を研究しようというのである。彼はその旨を願書に書いて外国奉行に出した。奉行は幕府の重臣にそれを計ったところ、その願書を見た人々は、源一郎のいう主旨には大いに感服したけれども、結局聞き入れられずに止んだ。つまり源一郎は万国公法を極めて正直にうけとり、これの知識を深くし、かつひろくすれば西洋諸国の横暴を押えることが出来るという点を強調したものであったという。

二長町に学塾を開く

源一郎は、そのころ(二年六月という)、官暇のあるにまかせ、二長町の邸内に学塾を開いて、フランス語・イギリス語を教えることにした。それが案外評判よく、かつ時勢の必要もあったので、寄宿十五―六人、通学三―四十人に及び、ますます繁昌していきそうであった。しかるにこの塾生には、幕府と必ずしも同意見でない芸・備・因・伯あたりの諸藩の武士もあり、第一に京都の連中もやって来た。そこで、奉行や目附は、源一郎が授業の合間々々に外交の機密でももらしはせぬかと心配し、源一郎を招いて、在官のまま学塾をやるのはよろしくない。職を辞して学塾をやるか、学塾の方をやめるか、二者択一《たくいっ》をやれといった。源一郎は内心はなはだ面白くなかったが、やむを得ず学塾の方をやめることにした。

実は、源一郎は、この前後、思いきって職をやめることも考えたという。職をやめて、昔の書生にもどり、京阪地方に遊説して何か大きな生命がけの仕事を一つやろうかと考えた。しかし何分にも母がまだ長崎にあり、また身辺には妻子があるので、そう簡単に思いきれもせず、この計画も計画だけでやめた。

こうして幕府政治は、日に日に非となっていく上、自分の身も八方ふさがりで、それを切り拓《ひら》いて何処に出るというあてもない。それやこれやで、前々からの吉原遊びが一そうひどくなり、自嘲的に江左風流第一才子と称し、盛んに花柳の街に出入りした。これは幕府の人々も、それと知ってもさすがに咎め立てをせず、見すてて構わなかった。

江左風流第一才子

しかしその自伝にこうも書いている。「源一郎、長崎を去りて江戸に来りてより、此の時まで前後九年、性来読書を好まず、勉強も嫌ひなれば、実は学問も出来ざりき。その中にて僅に書を読みたるは、十八歳の書生の頃（自註、安政五年）と、前後両度の欧行中（自註、文久二年、元治元年—元治は慶応の記憶違い）と、慶応二年の夏より秋までにてありき。其の余は花柳の修業のみなれば、花柳の実験学術は其の奥を窮めたれども、肝心の学問の出来ざるは甚だ以て残念の次第なり」云々。慶応二年夏秋の候《こう》といえば、ちょうど二長町自邸に塾を開いていたころに当る。一方では江左風流第一才子と称して、吉原遊びに日も夜もない放蕩振りを示しながら、他方では思いもかけない読書家の面目を示したわけで（案ずるに、そのとき読んだ書は主として西洋のものであろう）、同じ源一郎ながら、どちらがその真面目かと疑いたくなるほどであるが、思うに江左風流第一才子は、おもに幕政の堕落と時勢の動きに対するわが無力を歎ずる自暴自棄から来たもので、政治がよく、将来にわが理想の実現の光明でもあったなら、恐らくこの読書子の方に源一郎の真面目があったのではなかったか。

死に直面すること三度

なお今日では一切が過去の流れに洗い去られてしまったが、当時の彼の身辺に渦《うず》まいていた開国・攘夷の囂々《ごうごう》も、全く殺気立ったものであったらしい。『懐往事談』をみると、開国論者で洋学者であった彼が、いかに危ない橋を渡って生きていたかということがいろいろと語られているが（これは福沢のような、わざと書斎生活を主にしていた人物でも幾度か経験せざるを得なかった）、そのうち殺されそうになったことが三度、と語っている。一は、文久三年十二月、芝の赤羽根橋で暴士に襲われた件、このときは突嗟《とつさ》の気転で、敵の手もとにとび込み、敵の驚く間に逃げのびた。二は元治元年の四月下旬、水戸の天狗党の連中に迎えられて、世界の大勢から開国・攘夷の得失を論じたときで、これは前もって一友人の忠告があり、攘夷論にも取柄《とりえ》のあることを併せて論じたので、先方が納得して、生きて帰れた。三は、慶応三年九月のことで、彼とは友達づき合いをしていた浪士松浪某が、わざと彼を誘って吉原遊びに托し、彼の眼の前で、薩長側に通じていたという幕臣某の首を斬って示したこと、この件は、もともと彼の雑話がもとでこうした始末になったのであるが、しかしこのとき彼源一郎が松浪の軽挙を咎めでもしたなら、彼自身もその場で斬られたろうという。そのほか、恐らく彼自身が気のつかなかったそうした危険がいくらもあったろう。まことに恐ろしい時代であった。

徳川慶喜、大政を返上

そうこうしている中、慶応三年十月となって、京都にいた将軍慶喜《よしのぶ》が大政返上の挙に及んだという公達《こうたつ》が江戸に来た。それが実に突然であったので、幕臣一同、皆々呆然《ぼうぜん》として殆んど半月ほどを過したが、やがて十一月初めごろになって、種々の議論が紛々と沸いてきた。

このときの幕臣の動向については、『懐往事談』第十六中にいろいろ書いてあるが、しかし今それを悉く繰り返して語ることはやめる。ただ問題は、このとき源一郎はどうしたかということである。彼が安政の末、初めて幕府の士籍に入ったころは、もちろん佐幕思想の持主であったと見てよい。しかしそのあと、洋行

革新が大法則

佐幕的感情

をくり返し、洋学に深く入って、西洋というものを次第に理解するにつれ、立憲政治とか共和政治とかいう趣きもわかり、ひとり西洋のみならず、世界においては革新が大法則であり、従って封建幕府が代って日本の政治が一新するのが道理であるという理窟も、おおよそは心に是認するようにもなった。それで、わが仕官するところであるが、この幕府の行き方が世界の大勢に会うものか会わぬものか、彼の心中疑問なしとしなかったろう。しかし今や薩長の朝廷抱き込みが成功し、三者合して幕府を倒そうという場合にのぞんでみると、やはり再びつよい佐幕的感情に動かされることになった。そこが、彼の人情に絡《から》められるという人柄から出るところで、彼はもともと幕府の世臣ではなく、わが労力次第で禄を給されているいわば臨時雇傭の公吏というにすぎなかったのであるし、洋行以来思想も変化し、また幕府当局の政治のやり方にも絶望していたのであったから、この時は何もせず傍観していてもよかったのである。そうして幕府が倒れて新政府が出来たら、さっさとその方にわが能力を役に立てて、新政府に仕えたとしても、誰一人彼を責めるものはなかった筈である。ところが、そうは出ず、再びつよい佐幕感情を燃やして、幕府や将軍のために彼相当の知恵をしぼって動き廻るということになった。幕府や将軍の苦しい立場に同情をしたことも勿論であるけれども、いわゆる江戸ッ児式の弱者に対する同情といった簡単なものではない、もっと複雑な心理が動いていた。正直をいえば、この場合、幕府や将軍の方は、力の権衡《けんこう》からいえば強者であり、大者なのである。その強者・大者が、自分の目先が見えないので、本来ならば弱者・小者であった筈の朝廷や薩長に振り廻され、手足をとられて倒されようとしている。先方はこちらの無能・無策を見すかして、存分に策略をつかう。源一郎には、その策略が不正・陰険なものに見えて、腹が立ってたまらなかったのである。ただそれだけでない、彼もまだ若いのであり、ここで一番のし上る機会はないかという功名心とか野心とかいうものもあったろ

複雑な心理

薩長の策略に腹が立つ

う。しかしそれはともかくとして、彼には外交問題を楯にとって幕府や将軍をいじめる朝廷や薩長のやり方に我慢が出来なかった。この問題となると、幕府や将軍は手も足も出ぬのがわかっている。しかし結果からいうと、この問題で幕府や将軍を窮地に追いつめることは、あとで日本国家・日本国民全体を苦しい目に落すことになるのである。相手はそれも承知で、あくまで陰険な策略をやる。それでも、薩長とはいうが、長州はまだよい、公然と反抗するので男らしいところがある。薩州に至っては、初めは味方の如く、やがては敵の如く、その立ち廻り方が陰険を極めて、その態度の不公明なところは、大いに憎むべきものがある。源一郎はそう見たのである。この薩州嫌いは、どういうところに根拠があるか、恐らく特別の理由がなく、殆んど人柄の相違、気質的な嫌悪《けんお》といったものであったろう。当時薩州屋敷が江戸でも都下騒動の源となっていたので、源一郎もそれはよく知っていたろうから、それも薩州を特別に嫌う一因とはなっていたろうが、

小栗上野介に上書

徳川家は政局の中心から身を退くべきでない

それればかりではない。この薩長が、やがて舞台が変ると、維新の大功臣となり、その大功臣が皆々元老として威張るのであるが、読者諸君はよく覚えていただきたい、源一郎のこうした薩摩嫌いは、明治に入ってもつづくのである。

さて源一郎はそうした佐幕感情に動かされて、どう動いたか。その際、同志の動き、談合などもあったろうが、彼の記せるところによると、彼自身の代表的な動きは上書の形をとった。彼はその意見を書きつけて、幕府有司中、最も有為・有能の聞えある小栗上野介（忠順）にあてて上書した。つまり将軍大政返上後の善後策である。上書の要旨をいうと、大政返上は、将軍がすでに断じたことであり、やむを得ないが、その実行についてはよくよく考えてやる必要がある。徳川家は、大政は返上しても政局の中心から身を退けるべきではない。やはり返上後の実施において、主体性をとって、万事みずから主となってやる。政治は会議政治とし、みずから大統領の実権をもってその政治を支配すべきである、というのである。

つまり西洋政治に学んだ知識を日本の革命に行おうというのであろう。そうして若しこの意見を可とされたら、願わくば自分を京都にやって働かしてみてくれまいかと、言い添えることを忘れなかった。

洋学者の理想案

小栗は、さすがにこの意見に大いに賛成した。しかし彼は同時に、在京都の幕府当局の力を信用していなかったので、たといこれを京都に進達しても、これは彼らの手には負えない大仕事であると見た。それで、つまりはこの意見は、意見としては非常にすぐれたものであるが、要するに洋学者の理想案であるとし、源一郎に旨を諭して握りつぶしてしまったという。

大阪に下る

源一郎はしかし、十一月末になって、幕府の用向で、外国奉行糟屋筑後守に従って下阪《げはん》することになった。それは大阪が江戸とともに開港の期が迫ったので、その用向であった。大阪には、すでに外国局の役人として川勝近江守(広運)・石川河内守・組頭西吉十郎(福地の友人)などがいて、その仕事を進めていたのである。源一郎

エジャナイカ踊り

の記すところによると、この年は不作の年であったが、それに拘わらず、市民・百姓の間ではエジャナイカ踊りというものがはやり、到るところ天照大神のお札がばらまかれていた最中であったという。何びとかの細工でそんなこともはやったのであろう。

源一郎は、ちょうど大阪に来たのを幸い、かねての意見を実現する糸口でもつかめるかと思って、自分で京都に行って、実地の形勢を視察しようとした。しかし、江戸での意見書や、彼の平生の言動を知っている奉行たちは、大いに彼に用心をし、京都へなど行く必要はないから、御用一ト筋につとめよといって、どうしても許さなかったので、源一郎もこの件はあきらめざるを得なかった。

西周ら、立憲政治を調査

しかし後になってわかったことであるが、源一郎が小栗に上書して、会議政治を云々した前後、あるいはその前から、京都の将軍側近にもほぼ同じような動きがあって、留学帰りの洋学者西周助（のちの周《あまね》）などが主となって立憲政治や憲法などのことを調べたことがあった。事は将軍の旨に出たとも、あるいは洋学者連やインテリ側近の勧めによったとも伝わっているが、ともあれ、源一郎の上書とほぼ同様、西洋の政治形式を幕府の代りに立てて、大政返上の後始末をしようとしたものであった。これらが、日本における議会政治の思想の芽生えともいうべきものであったろう。

まもなく、十二月十日・十一日とつづいて大政一新、京都クーデター成功の報が来た。つまり将軍の大政返上を、今や朝廷および薩長その他の諸藩が引き受けて、はっきり新たに朝廷中心の政治をやることになったということである。そうして、その新政の組織には、将軍および幕府一派は殆んどタッチを許されていない。その間のいきさつは、「明治維新史」に詳しいので、ここでは何も述べずにおくが、クーデターで一敗した将軍慶喜は、十二月十三日大阪に下ってきた。在阪の幕臣を中心に衆人の意見を徴して、その進退をきめるつもりからであったろ

福地の意見具申

う。源一郎は、かねて考えていたものか、平岡図書頭(忠敬)・塚原但馬守に会って、意見を申立てた。それは、将軍家には直ちにこのまま江戸に戻り、大阪にいる幕府の陸海軍を糾合して、京都と西国の通路の要衝兵庫を抑えて、暫時形勢を見るがよろしいというのである。これは今日からいっても、なるほどもっともと思われるが、しかしこれを聞いた幕府有司は、それを斥けて、この辺の大計はお手前などの知るところではない、と出た。恐らく平生源一郎を道楽好きの軽薄才子と見ていたので、この機にのぞんで、こういう口をきくのははなはだ差し出がましいと考えたものであろう。そこは、源一郎にも責任があるので、今までわざとらしく江左風流第一才子などと、その風流振りをふり廻していたのが祟《たた》ったのである。

その間十日、十二月二十三―四日ごろになって、将軍慶喜、すなわち今や前将軍となった慶喜の引兵上京の策がきまって、在阪幕臣の間には主戦論が旺然と盛んになった。兵力で京都を一掃し、徳川政治の再建（その形式は前とちがったものにしても）を計ろうというのである。源一郎らは（このときは組頭の西吉十郎も加わった）、必ずしも戦争を辞するものではないが、この際我から京都に戦いを仕かけるのは拙策であるとした。だがともかく、上中下の三策を立てて上司に進めることにした。

福地の上策

その上策は、前将軍はこのまま大阪にいて、京都と西国の間を断ち切ること、長い間に薩長は自然に敗けることになる。中策は、前将軍家は江戸に東下し、在阪の幕兵だけで摂海一帯を抑える。下策は、やむなく引兵上京しても、その上り口は山崎街道一方とし、鳥羽伏見にはかからぬことにする。この三策である。当時源一郎は、ナポレオンの伝記やナポレオンの兵法書などを愛読し、後年出版した『ナポレオン兵法』などの訳書も出来ていたというから、細かい議論にはいろいろ、その辺から割り出したものもあったことであろう。

ナポレオンの兵書を読む

平山図書頭（若年寄格）は、この源一郎の三策を見て、今度は感心をした。しかしこの頃は、朝廷方と幕府方のスパイ戦の最中で、幕府の方には、朝廷方に立った諸藩中から内応があるものと信じられるニュースが入っていたので、平山は、感心すると同時に、源一郎らにその内応のニュースを打ち明けて安心させた。そこで、源一郎らも、上司のいうことであるから、さてはそうかと信用して、大いに安心した。こうして前将軍は在阪の幕兵に会津・桑名の兵を合せた大勢を引率して、翌慶応四年、すなわち明治元年(一八六八)一月早々上京し、鳥羽伏見口にさしかかったところで、そこに待機していた薩長その他の兵と衝突した。ところが平山らの期待していた内応は一向実現されず、反対に薩長側につくものが急に多くなる有様で、幕兵側の大敗となって終った。要するに、前のスパイ＝ニュースは、幕府側が一杯喰ったわけである。

鳥羽伏見の戦い

鳥羽伏見の敗戦から、前将軍の大阪立退となった前後について、書けば書くことも多いが、それらは、みな正史に出ていることであるから、すべて省《はぶ》いてもよかろう。源一郎は、外国局の連中と、神戸からイギリス船に乗り、慶応四年一月十二日、海路横浜に着き、直ちに江戸にもどった。そうして翌十三日から、江戸城中で、幕臣の大評議が始まるのであるが、源一郎は、依然主戦論はすてなかったけれども、もう大阪で、上書や評議に散々懲りたから（しかも一度も聞かれたことがない）、城中へは出ても一度も申立てることをしなかった。そのうち城中の評議は、前将軍家の意を体して恭順・非戦論ときまったので、源一郎は、恩人水野筑後守（忠徳、今は隠居の癡雲）と神田橋外の一料理屋で別離の宴を張って、別れた。別れた水野は憤慨の情を抱いたまま、多摩河辺の采邑《さいゆう》に退いて、まもなく死ぬことになるのである。

江戸に戻る

水野忠徳と別離す

第二　明治以後の福地桜痴

1　明治初年の桜痴

(一)　「江湖新聞」

神田橋外の料理屋で、源一郎が恩人水野癡雲と別離の宴を張ったのは、歴史からいえば明治元年であるが、事実に即していえば、明治と改元されたのは、この年九月のことであるから、このときはまだ慶応のつづきで、すなわち慶応四年一月のことであった。

外国方に留まる

さて水野は、この別離の宴のあと、幕府の行衛に見切りをつけて、二度と江戸城中に足を入れなかったが、源一郎はそうはいかなかった。彼は外国方で、外国との交渉を職としていたものであるから、他の幕臣はともかくとして、外国方は、外交の仕事をちゃんと整頓して新政府に引き渡さないと、日本国・日本国民全体が迷惑することになる。そのため、暫時居残る必要があったのである。

一方、前将軍家恭順と定まったあとの幕臣の動きは種々であったが、大多数は将軍家と同じ恭順の態度をとったとし、戦わずして徳川三百年の天下を薩長に渡す恭順主義を不満として脱走する人々も相ついだ。その脱走は、新編制の諸隊に最も多かったが、源一郎などの同志とも仲間ともいえる連中からも、いろいろと出た。源一郎も、あるいは今少し武の方の心掛けがあったら、彼らの勢いにつられて、外国方の仕事も抛擲《ほうてき》して脱走の仲間になったかも知れない。それをしなかったのは、彼は口では好んで兵を談じても、武の実力がこれにともなわなかったからであろう。

そういうことで、彼は居残ったが、さればといって、佐幕主戦の考えをすてた

横浜に行って外人の意見を聞く

のではない。二月から三月にかけて横浜に行って、外人の間ではこの度の変革をどう取沙汰しているかを聞いて歩いたというが（これは上司の命ともいう）、その間も、主戦・佐幕の計画をいろいろと立ててみたらしい（上の横浜行きにも、あるいはそうした計画に利用の出来るチャンスを探ろうという気があったものかとも疑える）。しかしこの間、征討軍の東下となり、二月に大総督が京都を出発し、三月駿府入り、四月には江戸城を収めてここに鎮守府を置いたので、もう天下の大勢は定まった。

下谷池ノ端茅町に移る

源一郎は、これより先き幕府の崩れを覚悟するとともに、官軍による賜邸の公収を見越して、長者町の家屋敷を売り払い、下谷池ノ端の茅町《かやちょう》に借宅した。さて旧幕府の士籍はまだあるとしても（徳川家というものは、七十万石もらって、駿府に納まっている）、もう祿はあてに出来はしないので、浪人同様で、喰うためには何かしなくてはならぬことになった。彼は自分のする仕事をもとめて、いろいろ考え、ひろく社会を見渡しもしたろうが、要するに洋学とか文筆に関するもののほかは、彼

新聞を手がける

に出来そうなものがない。そこで端なく眼についたのは、生れてまもない新聞というものである。彼は早速それをやることにきめた。こうして有名な「江湖《こうこ》新聞」が生れることになる。というと、新聞に対して妙に他人がましい書き方になるが、前に名村氏との関係のところでも述べ、また洋行のところでも語ったように、この新聞というものに、彼は、ずっと前から人並でない好奇心をもってきたものであったので、もし仕官奉公の身にならなかったら、自分でももっと早く新聞に手をつけたことであろう。ところが、この数年時局の急変につられて、新聞への興味・関心というものを掩われてきた気味があった。しかるに、今や浪人同様となって、何かする仕事がないかと探し始めた途端《とたん》、この新聞が日本にも生れて、しかも新政府の是認によって時代の新流行になりそうな気勢を示しているのを見たのであるから、源一郎たるもの、一も二もなくこれをやることにきめた。その心理はよくわかるのである。新聞はこの場合、こうして彼の多年の好奇心を満足させた上、もし売れると十分衣食の資にはなる。その上、さらに記事・論説によって、少なくとも間接には佐幕主義の余憤を紙上にもらすということも出来る。つまりは源一郎にとっては、新聞はこうした三つの徳があるものに見えたわけであろう。

新聞の三徳

『懐往事談』の附録「新聞紙実歴」によれば、源一郎は、日本の新聞紙の起りを元治元年ウェン＝リードの「新聞紙」というものと見ているが、その辺のことは、どうも今日の進んだ研究では訂正しなくてはならぬらしい。それで、その訂正は、西田長寿氏の『明治時代の新聞と雑誌』あたりによって読者自身でやられることとし、明治元年すなわち慶応四年の二―三月ごろになって、江戸すなわち東京に新聞が続々と起るようになったという源一郎の回想は、大体その通りであろう。これは、新政府が率先して『太政官日誌』を発行したのが刺激となったもので（この月発刊、つまり官報の先祖）、これにつづいて続々と新聞紙の刊行があり、四月に及ん

「中外新聞」

では、早くも六ー七種以上の多きに達した。その中で最も早く、最も目立ったものは「中外新聞」で、これは源一郎の友人柳川春三《しゅんさん》の主筆になるものであった。そのころの時局紛擾《ふんじょう》の際であるから、別に官許とか何とかいうこともなく、銘々勝手に刊行したものである。

「江湖新聞」の発刊

そこで源一郎は、この新聞に眼をとめるとともに、大いに喜び、これこそ自分のやるべき仕事だと考えて、内々で条野伝平・広岡幸助・西田伝助の三人に謀り（つまり資金調達を頼んだものであろう）、すなわちこの年閏四月三日をもって（源一郎はただの四月としているが）、いよいよ「江湖新聞」の第一号を発刊した。この三人は、源一郎の友人とはいうが、よい意味よりは悪い意味の道楽の友人であったものと見てよい。

条野伝平

条野は戯《げ》作者《さくしゃ》山々亭有人の本名で仮名垣魯文などの仲間であったが、時局の変化で戯作が衰えたので、その方に見切りをつけて頻りに新聞方面に新しい行き方を見つけようとしていた（明治五年に至って「東京日日新聞」創刊の一人となる）。広

広岡幸助
西田伝助

岡は元来は書肆《しょし》で、合巻《ごうかん》『白縫《しらぬい》物語』の版元して知られている。俳号を羽扇《うせん》といったという。西田は南伝馬町の裕福な大家《おおや》さんで、俳諧を好み（俳号菫坡《きんは》）、馬琴の『八犬伝』の大愛読者であった。幕末に流行した興画連《きょうがれん》の仲間で、ともに魯文の選という『十六画漢』の中に見えている（この二人もあとで「東京日日」創刊の仲間となっている）。

「江湖新聞」の発行所は、江湖雑報書局とか無鳥郷雑報局とならべてあるが、それは茅町の源一郎の自宅であって、協力者達は殆んど毎日ここにつめた。発行日は三日または四日に一度というのであるから、今なら新聞というよりむしろ雑誌というべきであるが、半紙二ッ切りの木版十枚乃至十二枚を一部としたものであったから（時々画も入る）、当時ではそれより早くは出来なかったろう。内容は、時局ニュース・外国新聞翻訳・世間話・寓話・投書・公達・上書建白の類であるが、単なる写しものの類は協力者の方でも手伝ったろうが、いやしくも原稿らしい原稿は、源一郎一人の手になった。その上、間に合わぬときは、浄書も彼がやったというが、そういうときは字がうまいので都合がよかったと思う。この内容からいって、このころとしてはいかにも新聞らしい新聞で、殊に世間話に芝居の風説などをとり入れてあるなどは、どうも有人の筆と思われるが、どうであろうか。

芝居の風説

しかし主義となると別で、源一郎のもっていた佐幕主義が可成りはっきりと顔を出しているのがわかる。

佐幕主義

たとえば、時局ニュース、これは新聞である以上、当然公平であるべきものであるが、「江湖新聞」は大体幕府方・会津方などに有利なものが多い。世間話・寓話などにも暗にそうした分子を入れてある。源一郎が「新聞紙実歴」で告白しているところによると、このニュースに、まるきり彼が創作したものも多少あったらしい。上書建白の類も、徳川家恭順の上は寛大の扱いありたきこと、会津などを追いつめるのは宜しからぬことなど多く、また会津藩士の書類なども多くのせてある（これらの中にも彼のいう創作があるかも知れない）。また官軍の討幕とか会津討伐ということが本来道理のないこと、これを強行するのは日本全体のためにならぬことなどという主意のものもある。それは、これを強行しても成功するやいなやが覚つかなく、かつ日本が南北に割れる恐れがあるからであるという。この南北に割れるということは、度々くり返されているが、これは、近年終結したばかりのアメリカの南北戦争のことから思いついてのことではないかと考えられるところが多い。そうして、日本が南北に割れた場合、論者（恐らく源一郎）は、北が南に勝つと予想している。この北すなわち北盟（会津方）が南すなわち南盟（薩長官軍）に勝つという予想も南北戦争の幻影を背景にしているところが見える。日本の歴史で、古代・中古はともかく、近世・近代では、南が北に勝った例がない。天下は必ず北がとる。また世界的に新しい政治論からいっても、世界の政治は封建より専制となり、さて立憲政治となる。いま南方が封建の天下をいきなり立憲形式にしようとしているようであるが、それは世界の歴史に反する。北盟は主従関係が主であり、その結びつきは固く離れない、南盟はただ同等の連盟であるから、その連結がややもすれば離れる。そのときには天子も朝廷も浮き上ってしまう。それだから、これはやはり一度徳川中心の政治にもどして、さて徳川の手で立憲政治にしていくのがよろしい。そういう議論である。本物の上書建白もあろうが、主として源一郎が創作したものもいろいろあったろう。

その上、外国新聞の翻訳というものにも、外国人は徳川方に好意をもっており、中立は中立として、内実は十分利害を考えて動いているとある。また地方からの報道でも、因州藩兵が日光廟に無礼を働いたなどというのが、大きく出ている。

殊に面白いのは投書であるが、これは殆んど源一郎の手になったもので、名を投書にかりたものと見てよさそうである。第六集の日本の政体および内乱の説を土台としたものも面白いが（外人の投書とふれ込んでいるが、果してどうか。このままでは日本

では立憲政体は行われないというのである）、代表的なものは、何としても第十六集（五月五

「強弱論」

日）の「強弱論」であろう（これを源一郎は、「実歴」で「薩長論？」といっているが、それは要するに語るにおちたもので、つまりカムフラージュの薩長論であったのである）。論の主旨は、今や幕府が倒れたので、天下は王命に抗するものがなく、太平となる筈である。しかし西南の方が専横なれば、その太平はなかなかやって来ない。専横がすぎれば天下は分裂、戦国割拠の勢いにもどろう。それを一体誰れが統一するか、古来日本の歴史で関西から起って日本を統一した事実はない。今、北方の会津は後顧《こうこ》の憂いがないので西上しやすいが、西南方の薩長はそうはいかぬので、この方は一時鼎立《ていりつ》となる。されば、会津の方に長があろう。会津は徳川を奉じ、薩長は朝廷を奉じているから、結局日本は一国二主となることになるかも知れぬが、それをどうするか。

日本の不幸

これは日本としては、大きな不幸である。また南方は、今のまますぐ会盟（立憲）政治をやろうとしているが、今のままでは強藩の手に政治が移って、

結局戦闘状態となってしまう。そのとき英雄が出て封建をやめ、天下を統一し、王政を助けて会盟会議の政治をやる。ここに至って始めて天下が太平となろう。只今のところ、世界的に見て、東北に貿易の利があり、桑茶は皆東北の専らにするところであり、この辺に眼をつけてよくよく考えなくてはならぬ。日本国内の相争うはつまりは外国の利であるから、この争いをやめて日本国の統一につとめ、一心に天子を助けるのが第一であることはいうまでもない。かくて会盟会議の政治も始めて成功するであろう。これが「強弱論」の主旨である。第二十一集の「戦争之説」は彰義隊の戦法の必敗を評したもので、これも面白いが、今は略しておく。注意すべきは、「東京日日」より前に、すでに吾曹（第六集）・我曹などの文字が（第十八集）用いられていることである。そうして、それがいずれも翻訳文の語であることが特に注意される。

吾曹の文字

「江湖新聞」は幸いによく売れ、頗る評判がよかった。源一郎一家の衣食の料は

糺問所に連行さる

勿論、彼および仲間の吉原通いの費用も出たろう。しかし評判がよくなるとともに、官軍方で目をつけているという忠告も度々うけた。源一郎はそれに構わず書きまくっていると、五月十五日の彰義隊の騒ぎがすぎて一週間ほど立った二十三日、果して阿波蜂須賀藩老稲田九郎右衛門の手のものがやって来て上命を伝え、旧竜ノ口の会津屋敷、すなわち新政府の糺問所に連れていった（このとき、近所に十余人の手下を伏せていたというが、源一郎が暴れ出すか、それとも浪士を養っていたかと用心したものであろう）。今でいえば未決檻であろう。家族・友人は大いに心配をし、伝手《つて》をたどっていろいろと奔走した。当時のことであり、掛りの心証の如何によっては、理非を問わず打首ということもあり得たからである。ある者はもとの外国奉行川勝近江守（広運）のところに行き、またあるものは新政府の監察となっている津田真道に、同じ新政府の役人杉浦譲に泣きつき、またあるものは新政府方面に顔のひろい松本良順（後の順）にたのみ込み（このとき順がまだ江戸にいたとして）、またあるものは同じ新聞仲間で大学教授の柳川春三《しゅんさん》に駈け込み、さてはどこをどうたどったか、新政府の大立物木戸孝允《たかよし》を動かそうとしたりした。それはそれぞれ、効目のあったものも、なかったものもいろいろであったろう。しかし糺問所の直接の掛りは、浜松藩の池田庄三郎という人物で、幸いこの人がよい人であったので、源一郎がともかく有為の才物であることを見抜いたものか、源一郎の申立をすべて善意にうけとって、訊問数回の後に（その間もちろん入獄）、無罪放免とした。源一郎は獄にあること、およそ二十日余りほど。出獄は六月に入ってからであった。但し無罪放免とはいっても、それはその身に関してのことで、「江湖新聞」の発行は一切罷りならぬと禁止になった。その上、そのとばっちりといってよいか、ほかの新聞も、官府のもの以外は一時一切が禁止になった。そこで、日本における近世新聞雑誌の筆禍第一号は福地源一郎というわけで、彼は、この方面の歴史的人物の第一人となった。

池田庄三郎

無罪放免

「江湖新聞」発行禁止

新聞筆禍の第一号

源一郎は、格別度胸の据った大人物というのでもなかったらしいが、しかし妙に面白いところのあった漢子《おとこ》で、獄を出て帰宅の途中、汚《けが》れを払うのだといって、上野の入口辺にあった麦斗《ばくと》というお茶屋に上ってドンチャン騒ぎをしてから、家人に迎えられて帰ったという。この件で、果して木戸が力を貸したものかどうか、もし貸したとせば、「強弱論」の会盟政治(立憲政治)あたりに思想的に共鳴を覚えたところがあったからかとも思われるが、しかし源一郎からいえば、幕府の敵手薩長のうち、薩に救われずに長に救われたので、助かったと思ったろう。

(二) 売文生活——日新舎

新政府の徴命を辞す箕作麟祥

無罪放免は六月であるが、七月になって、源一郎に新政府からの徴命が来た。このとき徴命をうけたのは、源一郎と同じ洋学者の箕作《みずくり》麟祥の二人であったが、箕作はお受けしたけれども、源一郎は病と称し、辞して出なかった。

それからまもなく(七月中か八月中でもあろうか)、東京の静岡藩の役人が政府の命令として、旧徳川幕府の諸臣は駿河に引き移れといったと伝えてきた。これはもちろん、徳川家の臣下一般に関することで、源一郎だけに関することではなかったが、源一郎もまだ徳川家の士籍にあったので、駿河に移ることになった。そこでやむなく、茅町の世帯をたたんで一応横浜に赴き、家族（妻と養女の二人）を横浜の知人のもとにあずける工夫をして（その知人というのは、同じ幕臣益田孝の妻君で、このときこの人は古着店を開いていたという。源一郎の妻君おさとも、その店を手伝ったかも知れない）、同志とともに静岡に行った。それが九月末のことである。このとき、妻君に宛てた手紙があるが（これを受けとったときは、まだ東京にいたらしい）、その中に、

駿河は大らんざつ、旅宿もいたってきたなく、かつ手ぜまにして、こじき小屋同然、女房子をつれ引こしし人々はあはれのけしき、おん身をのこししはいかにも上出来と存候。

とある。その窮迫した有様がよくわかる。

こうして駿府にいて一ト月もたった十月中旬になって、今度は、東京の静岡役人から源一郎個人に関する新政府の命令を伝えてよこした。これによると、源一郎はさきに徴命をうけたのに、病と称して辞し、今や何もせずに静岡で遊んでいるのは不届きである。急々帰京せよというのである。静岡藩の役人も、新政府ときくと腫れものに触るように恐れ入って、源一郎に早々出発すべしと催促したが、源一郎は素《す》寒貧《かんぴん》で旅費がない。そこで出京出来申さずと申立てたところ、藩の役人も仕方なく旅費を与えて、厄病神のように追い払った。

上京

市井の人となる

浅草に居を移す

源一郎は十一月東京に来り、自身政府の掛りに出頭して、病気のため徴用を辞する旨断わったところ、どうした都合か、今度は早速お聞きずみで、御用これ無しと来た。そこで、ついでに静岡藩の役人にも断わって、徳川家の士籍からも足を洗い、きれいに市井《しせい》の人、すなわち町人となってしまった。そうして、横浜から妻子をつれもどし、婆《ばあ》や一人やとって、浅草馬道、寝釈迦堂地内のいろは長屋に居をト《ぼく》した。このときは、もう明治元年の初めになっていたであろう。そこで、自伝の明治二年（一八六九）の初めのところに、こうある。

既にして静岡藩よりも暇を申受けたれば、源一郎は浅草に居をト《ぼく》し、夢の舎《や》主人と別号し、或は戯作《げさく》に、或は翻訳を業として筆硯《ひつけん》に生活を営《いとな》み、復《ま》た世事を顧みるの意なかりき、云々。

すっかり市井《しせい》の人となって、もう世に出るつもりがなかったというところであろう。

その家たる「いろは長屋」は、何しろ長屋のことであるから四畳半と三畳の二《ふた》間《ま》、しかるに家族は前にいった通り四人であるから、なかなか窮屈であった。すぐ真向うは仮名垣魯文の家で（これも長屋）、魯文はここにもう慶応時代から何年か住んでいたのである。そうして野崎左文氏『かな反古《ほご》』によると、源一郎も慶応時代からこの長屋にいたように書いてあるが、それは野崎氏の呑み込みちがいで、

夢の舎

福地鬼外

遊女の家

源一郎がここにいたのは、そう長くはなく、明治元年の末から同二年の前半ぐらいまでの一年足らずであろう。夢の舎《や》云々は野崎氏も書いているが、これも一定せず、あるいは夢の舎市五郎と名乗ったといい、あるいは夢の舎さくら次と名乗ったといい、または福地鬼外《きがい》（福内鬼外をもじって）とも名乗ったという。夢の舎さくら次は『還魂資料』の中に自筆で見えているから、確かであろう。夢の舎の代りに遊女《ゆめ》の家と書いたものもあるが、これは、この時の源一郎にはどちらもふさわしい。生活に戯作云々は、上の自伝にも見え、野崎氏も書いているところであるが、さて、それがどういうものであったか。果して戯作を書いたか、またその書いたものが出版されたか、その辺は一向わからない。戯作者の魯文や有人と仲間になっていたのであるから、彼らの戯作に種々の知恵を授けたことはあったろうし、また西洋戯作すなわち文学の話をしてやったことはあったろうが、みずから筆をとった作があったかどうか。もしあったら、面白い面白くないは別として、

翻訳のこと

作楽戸痴鶯

天下の大珍品といってよい。今一方の翻訳云々、これは源一郎としては当然のことで、洋学に達して能文の彼が、翻訳で金をとったということは、極めて自然である。当時は翻訳書がよく売れ、よく売れるわりに翻訳家が少なかったころであったから、翻訳料も比較的高く、一枚三円であったというが、彼はそれを訳しためて、書肆山城屋などにもち込んで金に換えたという。但しこれも、どういうものを訳したか、はっきりしない。文明開化風の啓蒙的な、乃至学問的なものもあったろうが、恐らくその多くは、楽に金になる雑書風のものではなかったか。それにつけて思い出されるのは、明治三―四年ころの出版になる作楽戸痴鶯《さくらどちおう》の訳書というものである。それは『西洋偉人伝』といったもの二―三種であるが、この人の訳書は前後それっきりで、あとは消えてしまう。これはその署名からして源一郎の桜痴くさいところがあるが、どうであろうか。ともあれ、この売文生活も今いった通り一年足らずであるから、翻訳の方も、そう沢山は出来なかった筈である。まじめなもので今日知られているものは、慶応三年の『ナポレオン兵法』、明治元年の『外国事務』につづいて『外国交際公法』(ドイツ書のイギリス訳の重訳)・『西史攬要』が明治二年の出版となっている。

それで戯作で生活したか、実は翻訳だけで生活したのであったか、その辺はとにかくとして、このときの源一郎の生活振りは、表面すっかり戯作者ぶったもの、湯にゆくときにも黒八《くろはち》の襟のついた半纏《はんてん》をひっかけて行くという洒落《しゃれ》たもので、勿論魯文などと一緒に毎日吉原遊びをつづけ、金がなくなると、急いで翻訳の筆をとるという風であった。

才子源一郎

しかし「江湖新聞」の一件で有名になったせいか、または友人同志の評判のせいか、このころは才子源一郎の名が次第に新政府の連中の耳にも入り、中には相当高い位地にいる人々で源一郎に会いたいなどといい出すのもいた。しかし源一郎はそういう人々と会う気が毛頭なかったので、すべて辞退して会わなかった。

松本良順すなわち順は、旧幕時代からの源一郎の友達であったが（ともに洋学をやり、また吉原遊びが好きであったので）。彼は源一郎の「江湖新聞」筆禍の後、まもなく奥羽に脱し、函館に赴いて五稜郭の榎本の軍中にいた。しかし榎本の軍も長くないと見て、ひそかに横浜にもどったところ、捕えられて、江戸すなわち東京に送られ、新政府の手で加賀侯邸の牢内に入れられた。そうして明治二年冬十二月に至ってやっと許されて放免となった。

この松本が、ある日やってきて源一郎と昔話をしたが（明治二年中のことであろう）、そのとき、松本がいうには、僕も、いつまでもこんなことでおれない、これから病院を建てて大いに医学の方をやるつもりであるが、君はどうするという。源一郎はそれに応じて、いやそのことなら、僕も考えていた。僕はこれから学校を起してイギリス学・フランス学の世話をしようと思うと答えた（桜痴は、明治三十四年の福沢諭吉を弔う文の中で、明治二年に福沢から忠告を受けて学塾をやる志を起したといっている。本文の松本云々は自伝によったものであるが、あるいは松本のほかに福沢からもそういう忠告があったものであろうか。）。

外国語学塾を開く

日新舎を起す

『桜痴と団十郎』によると、源一郎は明治二年十月中に、いろは長屋を去って浅草抹香《まっこう》橋（正しい名は栄久橋）の近くに移っていたという。そうすると、このとき松本が来訪したのは（松本の方で来たとして）、この抹香橋の家の方であろう。さて源一郎も、このときの言明を実行するつもりで、新堀留（新堀端が正しい）の権念寺《ごんねんじ》（これも厳念寺）という寺の部屋をかりて外国語の学塾を開いた（あるいはこれは、松本の来る前からやっていたかも知れない）。「江湖新聞」の仲間が受付や会計などになって手伝ったというが、どうもこの学塾は長くつづかなかった。それもその筈で、束脩《そくしゅう》が少したまると、それをもって皆で吉原に行ったというのであるから、巧くいく筈がない。ところがそのうちに、松本は、オランダの貿易商ヒストルの援助で、早稲田に立派な病院を建てて、医者としてはなはだ有名になった。源一郎もこれを聞いて大いに奮発したか、湯島天神下の旧大名久松家の邸を手に入れて、そこに日新舎というイギリス語・フランス語を主とした洋学校を起した。このときは、

中江兆民

日新舎を譲る

初めは源一郎も本気でやったので、生徒も続々集まって、六ー七十人に及んだという。しかしちょっと景気がよくなると、どうも落つかなくなって、いつとなくまたまた吉原通いを始めた。このときは教頭として中江篤介（兆民）がいたが、源一郎は学校のことは殆んど中江に任せきりで吉原の方にばかり出掛けて行く。中江は、長崎で十分フランス語を学んで来たので、日新舎には初め生徒として入ったのであるが、すぐ生徒から教頭とされた。中江も学校を任されてみて、これは大変だと思ったものか、最初は一所懸命にやったが、しかし何しろ先生の源一郎が毎日留守というのでは、どうにもならない。そこで本来はこれも遊ぶことの嫌いではない書生上りであったから、自分も遊び始めた。校主が遊んで、教頭が遊んで成り立つ学校はない。ついこの日新舎も、いくらもたたないうちにめちゃくちゃになった。そこで源一郎は学校を榊原某に譲って、身をひいたというが、榊原はなかなか経営の才があったか、南部信民という旧大名を校主にして、これを建て直し、名も共慣義塾と改めて、大いに繁昌させたという。一時は数百人の生徒を擁して、福沢の慶応義塾、中村敬宇の同人社と並んで、東京の三大学塾と称されたほどであった（共慣義塾のことは、明治六年の東京府の『開学明細書』で、その内容の大体がわかるから、有志の人々は参看されたい）。

(三) 明治政府に仕える

『会社弁』

日新舎は、いずれにしても明治三年中のこととすべきで、その閏十月には彼の著訳書『会社弁』というものが出来ているから、このときにはもう一時の著訳生活にもどっていたのではないか。この著は、渋沢栄一の依頼で、ウェーランド・ミル・ニーマンなどの経済書から抄出して一書にまとめあげたもので、会社すなわち銀行のアイディアを初めて日本に紹介したものである。渋沢の依頼とはいうが、渋沢はこのとき大蔵省の少丞《しょうじょう》であったので、要するに大蔵省の命令で作ったということになる。

源一郎と渋沢は、もとより旧幕時代からの知り合いで、渋沢はもともと武州の百姓出身ながら一橋家の家来となり、徳川民部大輔についてフランスに渡りもした。源一郎は外国方であり、フランス洋行の先輩でもあり、また両者の間にいろいろな知人もあったので、その辺から知り合ったものであろう。そうして幕末にはともに佐幕主義の考えをもっていたことも似ていたところがあった。さらに立ち入っていうと、若い渋沢は、やはり遊び好きであったから、あるいはその辺からも親しくなったかとも思う。そうして勿論どちらでも、これは他日役に立つやつだと認め合ってはいたものと見える。明治に入って、源一郎が市井《しせい》に隠れたのと反対に、渋沢は、大隈重信に見出され、新知識として大蔵省に出仕することになった。当時は大蔵省の仕事も、万事創新《そうしん》という有様であったが、渋沢は、その中でも商業・金融方面に着眼し、銀行制度の必要ということに特に関心をもっていた。そこで彼は、源一郎が、かねて国際法や外交学のほかに経済学にも相当な嗜みをもっていたことを覚えていて、大体この依頼となったものであろうが、主な原因は、この年（三年）一月出た源一郎訳の『英国商法』（北門社）を見たからであろう。

『会社弁』すなわち銀行論は、今日からいえば何ほどのこともない文明開化的入門書であるけれども、当時の渋沢にとっては、金玉にも代え難い手引きとして、源一郎の手際のよさに驚かされたと見える。そこで、これほどの才物を市井におくのは惜しいと思って、上司の大蔵少輔《しょうゆう》伊藤博文に紹介したところ、伊藤ももともと才物の苦労人ではある、道楽の点でも源一郎にまけぬ遊び好きであったから、二人の話はすぐ投合し、どうだ大蔵に来ないか、よろしい、行きましょうというので、源一郎はいきなり月俸二百五十円の大蔵省御用掛りとなった。これはやはり三年の閏十月中のことであろう。翌十一月には早くも芳川賢吉（のちの伯爵顕正）・吉田次郎とともに伊藤に随行して、貨幣制度視察のためにアメリカに赴いた。

大蔵省御用掛りとなる

アメリカに赴く

このころの伊藤博文は、大隈の弟分（大隈は大輔、伊藤は少輔）として大蔵省にあり、近代日本の貨幣制度の創設という大仕事に当っていたのであるが、それには一度外国に行って実地見学をして来なければならぬというので、その趣旨を政府に建議し、それが容れられて、このアメリカ行きとなったのであった。源一郎は、『懐往事談』の中でこういっている。

余が外遊は、前後四回の多きに及びたれども、真に愉快にして且つ見聞の益を得たもの多かりしは、此行（慶応元年の洋行）と、其後明治三年に伊藤大蔵少輔（今の総理大臣、伯爵）に従いて、芳川君（今の司法大臣）と共に米国に赴きたるの両回にて、今日までも常に記憶に留まるを覚ゆるなり。

財政制度を調査

彼には、この行を詳記した『奉使米国日記』というものがあったが、今どこにあるであろうか、残念ながら全文を見ることが出来ない。一行は、十一月末アメリカ着、先方の政府と連絡の上、アメリカの会計法を調べ、殊に国立銀行・公債募集・金銀貨幣の制度方法・紙幣製造などを実地に見聞して、十分にその利害を討究した。出発前に予備知識が相当あった上、一行が小人数で、伊藤を始め、よ

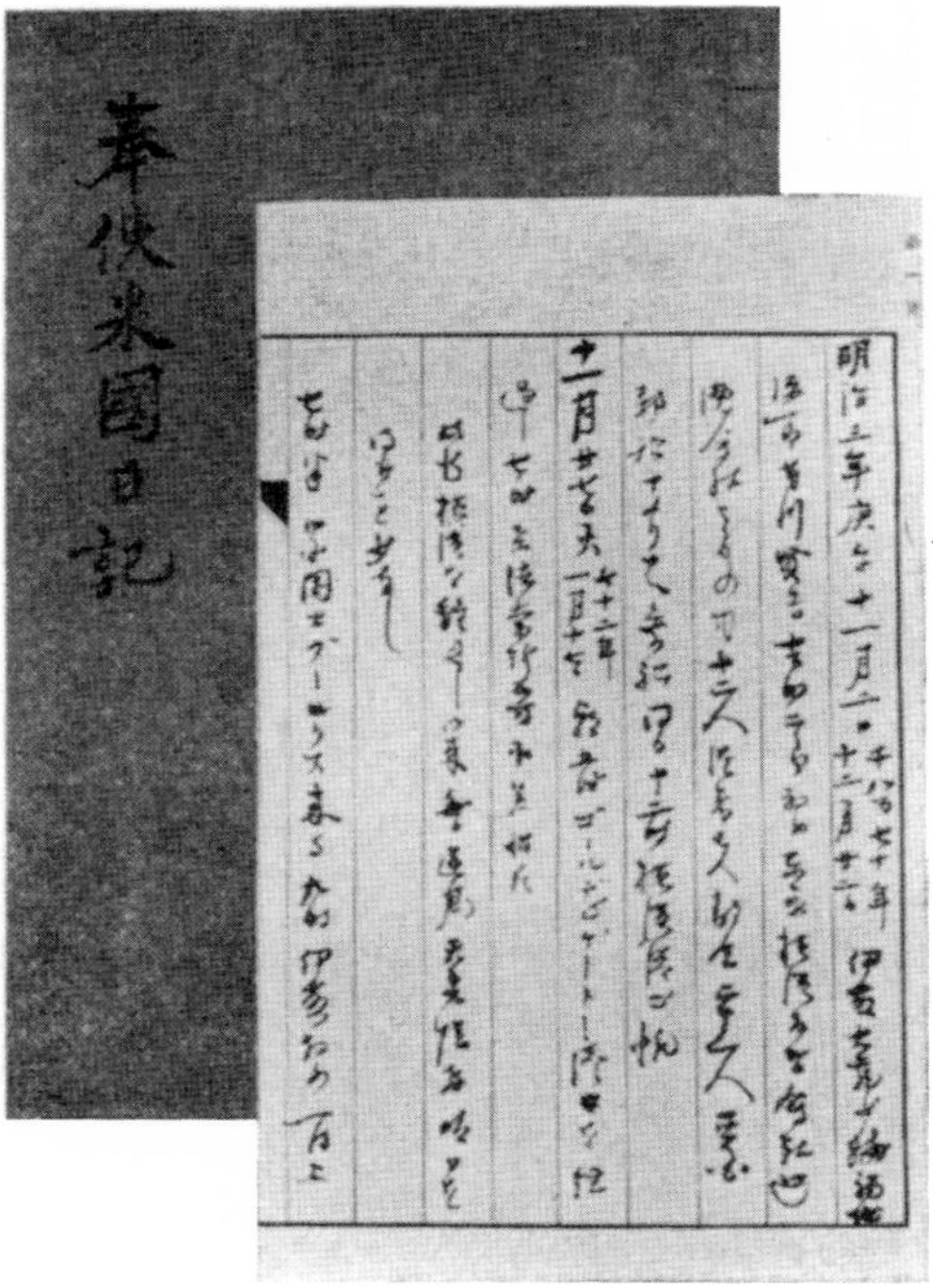

『奉使米国日記』
（福地源一郎が伊藤博文に随行して
米国に赴いたときの公用日記）

伊藤博文と政治論を戦わす

く気があったので、見聞にも熱が入ったと見える。それでわずか半歳にみたない滞在であったが、源一郎のいう如く頗る有益で、調査も早くまとまった。一行は、母国政府に対して、アメリカから建議したが、それは金貨本位・公債発行・国立銀行制定の三条で、その建議案は源一郎の起草になるものであったという。勿論一行ともに若い上に、政治上の抱負というものをもっていたから、時々は旅館で政治論の花も咲せたらしい。『懐往事談』によれば、明治四年の二―三月ごろ、源一郎は、旅館で伊藤と政治論を戦わし、日本将来の政体は、どうしても帝王を上に戴いた民主政治《デモクラシイ》にしなくてはならぬ、そうして今日の封建臭のある制度・格式はすべて全廃しなくてはならぬと主張し、伊藤に説破されたことがあったという。そのころは、源一郎もそうした急進的な思想の持主であったのである。このときは芳川も、それから居合した陸奥陽之助(のちの宗光)も源一郎に賛成した。そうして、伊藤に説破されても(伊藤は恐らく立憲政治は是認しても、日本の歴史を土台とするという歴史主義をとったものであろう）、なかなか敗けておらず、三日間もその議論をつづけたという。陸奥は、そのころやはり新政府（あるいは神奈川県）の役人であったが、中島作太郎（のちの信行）と一緒に明治四年の初めにアメリカに来たものであった。

グラントと顔見知りになる

これより先き、アメリカ政府は一行に大きな厚意を示し、三年十二月には大統領グラントに謁見させた。四年の一月（太陽暦では三月）には、日本から弁理公使森有礼《ありのり》や、ヨーロッパ留学途中の伏見満《みつの》宮（のちの北白川宮能久親王）・華頂《かちよう》宮（博経親王）・西園寺公望《きんもち》などのほか、イギリス学者として有名になった神田乃武《ないぶ》・公使随員外山《とやま》正一・木村熊二、これもヨーロッパに留学の丹羽純一郎（のちに織田、翻訳家として有名となる）などがやって来たが、源一郎はそれをニューヨークまで出迎えている。このとき、源一郎は、さらに両親王や西園寺を白堊館《ホワイト・ハウス》に案内し、やはり大統領に謁見させている。こうして、グラントとたびたび顔見知りになったことが、あとで、明治十二年、グラントの日本漫遊のとき、源一郎が民間接待委員代表の一人となった因縁を生んだものであろう。

帰朝

源一郎が、伊藤に従って帰朝したのは、四年（一八七一）の五月（自伝は六月）のことであった。その翌月、前年まとめた『会社弁』が大蔵省の官版として出た。

大阪に赴く

帰朝した源一郎は、早速伊藤を助けて銀行設立に当る筈であったが、肝腎の伊藤の銀行設立案が、政府の某有力者の意見と合わず、そのまま行われ難いことになったので、伊藤は、銀行の件はそのままとして、造幣事務監督のため大阪に赴いた。そこで源一郎も大阪に赴いて、伊藤を助けることになった。しかるに、幾ばくもなく、政府の方針で、伊藤は大蔵から工部に代り、工部大輔に昇進して東京に転じたので、源一郎はやむなく大阪に残って、その仕事をつづけていた。ところが、十月になって、伊藤から連絡があり、源一郎が大蔵一等書記官を命ぜられたこと、同時に大切な用事があるからすぐに帰京すべきことをいってきた。用事というのは、全権大使岩倉具視《ともみ》の一行に随って、伊藤もろともまたも西洋へ出かけることであった。

このときの使節は何のためであったか。明治四年に廃藩置県の挙があり、日本の統一国家というものが初めて出現したので、明治政府は、これを機に西洋諸国との修好を新たにし、かつ文明開化の諸制度を視察しようとした。表面の理由はその通りであるが、内実は、修好の裏に、維新以来問題となっていた条約改正の議を打診するという大事な使命があった。安政六年条約締結のときの取りきめで、明治五年が改正の時期に当っている。安政の条約は、一方に外国の圧力があり、他方には攘夷論の囂々《ごうごう》がある中で結ばれたものであり、日本にとってはなはだしく不利・不平等なものである。明治に入ってみると、日本は、何としても外国貿易で海外に伸びていかなくてはならぬことが分ったが、この不平等条約で束縛されているので、どうにもならない。それで、維新早々、この改正が問題になっていたのであるが、それを、この明治五年の時期が来たのを機に実行しようというのであった。正使は岩倉具視、副使は木戸孝允《たかよし》・大久保利通・伊藤博文・山口尚芳（佐賀出身）の四人、それに十余人の書記官がこれに随い、そのほか各省の理事官が加わって、同行は百余名の大勢に及んだ。歴史の因果はめぐるというが、正使も副使も、攘夷論で幕府をいじめ、いじめた結果がこうした不平等条約となったのである（それは源一郎が前にいった通りである）。それを今や当年の攘夷論者が将来の日本のために改正を談判しにゆくということになったのであるから、皮肉なものであるといえよう。

さて源一郎は、伊藤の連絡で東京に帰ってみると、大蔵省の空気が一変し、前に伊藤が主張した通りの案で銀行設立その他が実行されそうになっていた（けだし伊藤に近い井上馨などが大蔵省の実権をとることになったので）。そこで伊藤不在中の大蔵を引きうけた井上馨も源一郎に残ってこの方の仕事をしてもらおうという腹づもりで

岩倉遣欧使節に随行

あり、源一郎もその方がよさそうに考えた。しかし伊藤はそれをきかず、今度は正式に随行ときまったことであり、西洋になれた上気心のあった彼がそばにいれば種々重宝であるから、どうしてもつれてゆくという。木戸も連れてゆく方に賛成である。そこで結局は随行ということになって、この年十二月、使節一行とともにアメリカに出かけた。源一郎は、今は大蔵省の書記官となっているが、幕府時代は外国方すなわち外務省の役人であった。その上一行中にいる田辺太一・塩田篤信も、昔、攘夷論者の連中からいじめられた幕府の外交官である。それが今度は、昔の攘夷論者の下で条約改正の談判に当ろうというのも、不思議な因縁であった。

このときの汽船には、日本で始めての女子留学生津田梅子等も乗っていたが、皆がひどい船酔に苦んだのに、源一郎はわりに元気で、少女たちの髪の乱れたのを束ねてくれたりしたという。

こうして明治五年、使節一行はまずアメリカで改正談判を試みたが、このときはアメリカ政府や大統領の好意から、案外順調で、直ちに改正条約を結んでもよいとなった。ところが、それに必要な全権委任状を、一行はもっていない。仕方なく大久保と伊藤は急に帰国して、留守政府と打ち合せ、委任状をもって再びアメリカに渡ったが、その間に使節中でも、このたびはやはり初めの予定通り打診だけに止める方がよいという論がつよくなって、条約調印は見合せとなり（つまりアメリカだけ成功しても、他のヨーロッパ諸国の方が成功の見込みがつかない）、その年の夏にイギリスに渡って年を越した。それで、これからあとは、使節の主な仕事は、ヨーロッパ文明の見学ということになった。

源一郎は、この間、岩倉・木戸・大久保の諸元老に接触して、その才能を十分認められたわけであるが、源一郎の昔からの流儀で、例の書生流で通し、強《し》いて自分をまげて先方の気に入るようにするということはしなかった。伊藤はもともとの知己で問題がないとし、木戸もその方を喜んで、大いに気に入ったらしいが、岩倉にはたびたび渋い顔をされたらしい。しかし岩倉もさるもので、決してそれを咎め立てをせず、寛大な態度で遇したという。嫌ったのは、大久保である。これは源一郎の才気煥発《かんぱつ》振りが大嫌いであった。源一郎の方でも、もともと薩摩人というものが気質的に気に喰わない上に、大久保の腹に一物も二物もあるような深沈なところが気に入らず、ついに大久保からは贔屓《ひいき》にされるというところまでいかなかった。この洋行中にも（明治六年二月ごろという）、こういうことがあったと、源一郎は書いている。

福地源一郎，33歳（パリにて）

大久保利通と談ず

或日余は公事に関して大久

保公の室に伺候し、其事おはりて後に雑談に渉《わた》りけるが、余は公に対《むか》ひて、「僕の公に容《い》れられざる、余も亦自ら之を知る。余は事に当りて直に意見を吐露し、即智《そくち》あるを以て得意なりとす。公の僕を信ぜざるは、此即智を以て危険なりとし給ふに在り。洵《まこと》に公に容れられん事を欲せば、事を稟《りん》する毎に、先づ公の賢慮を促し、其下問を俟《ま》ちて徐《おもむろ》に愚見を陳《の》べて利害を陳ずるに若《し》かず。彼我の所見相合する数回に及ぶ時は、公は必ず僕を以て信を措《お》くに足るの材なりと思ひ玉ふべし」といひけるに、公は微笑して宣《のたまわ》く、「然り、卿《けい》の言の如し、卿自ら其秘訣を知らば、何ぞ躬践《きゅうせん》して余が知を得ざる。（中略）卿は尚ほ壮年にして他日に大志を懐《いだ》くの俊秀なり。今よりして才に誇り智に驕《おご》るの弊を矯《た》め、勉めて深慮熟考の習慣を養ふべし。然らざれば国家の器たる事を得ずして、器を懐きて空しく轗軻《かんか》するの不幸あるべきぞ」と懇々教誨《きょうかい》を加へ玉ひにき。

（『太陽』一巻四号「維新の元勲」、明治二十八年四月）

源一郎の生涯を見ると、大久保のこうした予言が大いに当ったといえないところもなくはなかったように思う。

かくて六年春（三月）をもってフランスに渡ったが、もうこの時は、源一郎は使節のお伴《とも》にあきた気味になった。ところが、使節は、トルコ・エジプトでは立会裁判（陪審制度）を実行していると聞いて、追々日本でもやる参考に、誰かを見せにやろうということになったが、それには福地をやったらよいとあって、源一郎は右の用向を命ぜられ、運よくここで使節と別れて先発することとなった（この案は田辺太一の主張であったというが、あるいは田辺と源一郎の馴れ合いでやったものかも知れない）。なおイギリス・フランスにいる間に、新らしく新聞についていろいろと注意し、また多数の有名人と接触したほか、フランス語の旧師ロニーとも再会した。

そこで源一郎は、命令のままトルコ・エジプトに赴いて立会裁判を見学したが、ついでをもってイタリア・ギリシャ・小アジアの地も歴遊し（本願寺の島地黙雷《もくらい》上人と同道)、ボンベイに出てインド大陸を過ぎ、カルカッタ・シンガポール・香港と順路を経、七月上旬に帰朝した。

国立銀行条例を立案

帰朝した源一郎の腹づもりでは、また大蔵省にもどって財政の一局に当るつもりであった。それも無理がない。源一郎が使節一行に随って西洋に赴くときに、政府では、伊藤博文や井上馨の主張通り、国立銀行を設立し、金札《きんさつ》引換公債を発行して、徐々に不換紙幣を回収して正貨通用を本位とするのを国是《こくぜ》と定め、大蔵省に紙幣寮(今の印刷局と銀行局とを兼ねたもの)を置いてこれを管轄させるという議がきまっていた。その国立銀行条例などは、事実源一郎が担当して明治四年に立案したものであったから、時の大蔵大輔井上は(大蔵卿は大久保利通であったが大久保は副使として西洋にゆくことになったので、大蔵の全権は井上が握っていた)、源一郎をその任に当らせるつもりであった。ところが、源一郎は西洋行きとなったので、芳川賢吉(このときはもう顕正)が代って紙幣頭《しへいのかみ》となって、これを担当することになった。こういうわけであったから、源一郎が帰朝の後、再び大蔵省にもどって、紙幣寮かどこかの一局に入ってその驥《き》足《そく》をのべることを予期していたとしても、それは当然といってよかったのである。

大蔵省の閑職につく

ところが、使節一行の不在中、井上や渋沢（三等出仕）の財政意見が政府（西郷隆盛中心）と相合わないということが出来て、井上・渋沢は、六年五月（源一郎の帰朝のすぐ前）に辞職してしまった。このときの辞表は明治財政史上有名なものであるが、今それを引用することは避ける。井上に代って大蔵省の全権をとったのは、大隈重信である。源一郎の財政意見は、井上・渋沢に近く、大隈とは可成りちがっていたので、さて帰朝してみて、井上・渋沢の辞職を知り、大いにがっかりし、これは大蔵省にいてもだめだと考えた。しかし大隈もあれだけの豪傑であるから、意見はちがっても、源一郎が役に立つ人物であることをよく見抜いて、帰朝後に彼に特別の待遇を与えて、大蔵にとめておいた。そうして仕事としては、全権使節事務局に用事あるときだけ出仕するという閑職をあてがったが、けだし待機の意味であったろう。

そこで源一郎は、帰朝後、その立会裁判関係の報告書を書いて外務卿（副島）にさし出し、別に転任を求めもせずに使節の帰朝を待っていた（この間のことであろうか。源一郎は、西郷隆盛を二－三回訪ねて西洋視察の談をしたという。その心は、西郷に西洋文明に興味をもたせ、征韓論からその心をそらせようというにあったろうが、これは成功しなかった）。

ところが使節が帰ってくると、直ちに例の征韓論の騒動が始まり、政府が分裂して、西郷・副島・板垣退助・江藤新平・後藤象二郎などの辞職となった。

翌七年（一八七四）は、政情不安が嵩《こう》じて暴発となった年で、佐賀の乱から台湾の役となり、やがて萩の乱・西南の役とつづいて行く。こうした時事の動きは、すべて源一郎の意想の外に出たようであった。けだし源一郎は、まず国家の財政整理をやり、実業振興を第一とし、かくて得た国力富強を土台に立憲政治、文明国家の実現を望んでいたのである。

このとき、木戸孝允は、かねて源一郎とほぼ志を同じくしていたものであるが、帰朝以来、とかくその意見が政府当路者と異なるものがあり、その上、こうした時事の動きを見て、頻りに退隠の志を起していた。源一郎は、木戸のこうした志に刺激されて、やはり退隠の気持をつよめ、明治七年の三月（『懐往事談』には秋とある）、ついに辞職と出た。

明治政府を辞す

これを聞いた伊藤は（伊藤は、使節のときが機となって、木戸を離れ、大久保に近くなっていたが）、頗る残念に思い、また故旧に厚いところもあったので、源一郎が意を得ずに辞職したのは気の毒である。別に栄誉の位地を与えるから、辞職を思いとどまれと、人を寄越して説かせた。源一郎は、伊藤の厚意をありがたくは思ったが、時局の変動はしばらくはどうにもならぬものと見て辞職の志を翻《ひるが》えさず、ついに辞職に踏みきった。しかし面白くない世の中は、辞職しても面白くないので、強いて面白さをもとめて、一時離れていた吉原や芸妓遊びの風流生活にふけり、多くありもしない財産をなくしてしまった。

このときに、天から降ったようにわいてきたのが「東京日日新聞」への入社勧誘で、官吏をやめた源一郎は、ここで初めて新聞記者としての天職を得ることになるのである。

2 東京日日新聞時代

(一) 態度

新聞紙が、明治元年の源一郎「江湖新聞」一件以来、一時官権の力で抑えられたことは前にのべたが、その後官許の制度が出来たので、ようやく再び世に行われるようになり、明治五年以来、明治七年までに「新聞雑誌」(こういう名の新聞)・「日真新事誌」「東京日日新聞」「郵便報知新聞」「公文通誌」(のちの朝野新聞)・「横

新聞記者としての自信

浜毎日新聞」「読売新聞」などが続々と出た。源一郎は、元来が新聞好きであったから、官吏をやめないころから、この新聞の流行を大いに喜び、これこそわが志を伸ばすに足るものだというので、時々諸新聞に匿名《とくめい》で投書して、時事や政治を論じたものであった。ところで、今や官界に絶望して官吏を辞職した源一郎は、辞職とともに、ひそかにこれからは自由の身となったので、本式に新聞記者となって、新聞を機関として筆に任せて書き立ててやろうかと考えたというのも無理がない。彼自身そう語っている(『懐往事談』)。古人は、良相《りようしよう》たらずんば良医たれといったが、今日のような時勢では、内閣に入《はい》れなければ、むしろ新聞記者たれといいたい。その上、自分には記者となって成功する自信がある。自分が一度新聞に筆をとれば、一般の新聞は必ず勢力を得る。また自分が一度新聞記者になれば、新聞記者は必ずその地位を高めよう。今に見ていたまえ、必ずそうした時が来るからと、機をみて新聞記者になろうという念を固くした。

「郵便報知」からの誘い

源一郎のこうした志を聞き伝えて、早速記者に迎えようとしたのは「郵便報知」であったというが、ここでは、そのころもう栗本鋤雲《じょううん》の勢力が根を張っていて、少し面倒な事情があったので、成功しなかった。そこへ「東京日日」からの話が来た。これは源一郎と前々から因縁があるといえばある。これの創立者である条野伝平・広岡幸助・落合幾次郎（浮世絵師、画名芳幾）・西田伝助の諸人は、大半「江湖新聞」時代の仲間である。それが、明治五年に細々とした資本の出し合いで再び始めたのが「東京日日」であったが、七年に及んでともかく芽が出た。しかしこれをもっと大きくするには、この仲間の力だけではどうにもならない。そこで源一郎の辞職をきっかけに仲間入りの誘いとなったが、この方は、さすがに話がとんとんと進んで（一つは、「江湖新聞」での源一郎の腕前を皆がよく知っていたからでもある）、七年十二月に主筆として入社ということになり、その月の一日から「吾曹《ごそう》子《し》」の社説が新らしく読者の眼を射ることになった。源一郎のお土産は、この

「東京日日」に主筆として入社　「吾曹子」

「太政官記事印行御用」

「吾曹子」の社説と、官吏時代の余映《よえい》ともいうべき「太政官記事印行御用」という金看板とであった。月給は二百円で、官吏時代より少なかったが、ボーナスに利益配当二人分がついていた。源一郎、時に年三十四。

何といっても、このころは新聞紙もまだ幼稚な時代であったので、執筆者も戯作者か、そうでないインテリでも凡庸の人々が多かった。「東京日日」は、それでもまだ人物がいる方で、創刊当時から雑報書きに高畠藍泉（金主の一人辻伝右衛門の異母弟）がおり、明治六年にはその藍泉の誘いで岸田吟香が入って来、ほぼ同じころ甫喜山《ほきやま》景雄も入って来た。「報知」には栗本がいたし、「横浜毎日」に沼間守一・仮名垣魯文がいたが、他社は、「東京日日」よりは一段と下った陣立てであったろう。そういうことで、世間でもさらに新聞記者を尊重せず、はなはだしきは、新聞記者などは喰いつめの貧乏書生の仕事だといやしめていた。しかるに今や源一郎が堂々とここに我ありと名乗り出て社説を書いたのを見て、世人は全く

岸田吟香

世人が驚く

びっくりした。ひとり世人がびっくりしたのみでない、友人たちもびっくりして、あわてて彼を引き返させにかかった。有望な将来性のある官吏をやめたのがすでに拙《まず》いのに、今度はまた何を好んで戯作者の仮名垣などの仲間入りをするのかというのである。源一郎はしかし覚悟がちゃんと出来ている。いや御厚意はありがたいが、仮名垣は仮名垣、福地は福地だ、おれが新聞記者となったからは、それだけのことをしてみせる、今にみていてくれ、というのである。そうして主筆となってからは、鋭意「東京日日」の紙面を改良し、社説を書いて縦横に時勢・政治・文明開化を論じて、忽ち世上の耳目を一洗し、新聞紙の貴重なこととその勢力というものを覚らしめたので、「東京日日」は早速売上上昇となって、翌八年には八千を突破した。彼の社説を助けたものは、岸田の雑報であるが（藍泉は八年に「平仮名絵入」が出来たのでその方に移った。彼も雑報書きの名人ではあるが、しかしこのころから作家生活が本意であったろう）、その口語体の文章は、当時としては全く異色を示した

新聞紙の地位貴重ならしむ

ものであった（岸田は七年の台湾の役に従軍記者として赴き、そのニュースが大人気であった。これが源一郎の入社以前、「東京日日」の売上増加に大いに与《あず》かっていたと思う）。源一郎は、その自伝でこういっている。

是よりして、報知には栗本鋤雲・藤田茂吉あり、朝野には成島柳北・末広重恭あり、横浜毎日には沼間守一・肥塚竜ありて、諸員紛々として各紙各地に出で、今日の如く新聞紙の地位を貴重ならしめたるは、実に福地がその嚆矢《こうし》たるに由ると云はざる可からず。

これは大言壮語に似ているが、事実に照してみれば、源一郎にこう威張られても仕方がないのである。

さて源一郎が新聞記者としての根本的態度であるが、源一郎の学問は、漢三・洋七という洋学主調のものであることは明白であるけれども、その洋学もイギリス・アメリカ・フランスに得たものが多いのであるから、民権論・自由説・立憲政体という三条は、その政治上の根本信念であった。それで、それだけをとっていうと、往々はなはだ急進的・革命的なものもあって、現に明治三年アメリカで伊藤に説破されたというほど急激・過激な革新思想乃至理想もあったのであるが、維新前から維新後なりにかけて相当長く内外政治の実際を経験し、また多くの談論や見聞を親しく身にしたところから、理想としての急進主義は潔《いさ》ぎよいけれども、急進にあせることには、実功があまりないものであることを大よそは悟った。

政治上の根本信念

それで、いよいよ新聞記者となって社説・批評の筆を振うに当り、時代に人気のあった急進の立場をとらず、漸進の立場をとり、何よりも国民の啓蒙を先きとした。このころは、民権論の起り初めの時期で、新聞では政府に反対する方が人気が高い。積極的に反対と出なくても、少なくとも政府と無縁であるかのように見せる方が都合がよかった。すでに源一郎が「東京日日」に入社するときも、福沢諭吉は彼に忠告して、政府には近づくなといったという。しかるに「東京日日」

国民の啓蒙を先とす

漸進主義を旗印とす

新聞は政府と国民の間の通弁

に入社した源一郎は、その反対に出たのである。彼は、入社の前から、実際政治には漸進主義でなければならぬと信じていたのであるから、いよいよ入社するや、却ってそれを旗印にした。その上、彼の当時の考えからいえば、政府は文明開化の先達である。指導者である。新聞は、俗にいえば、政府と国民の間の通弁とならなくてはならぬ。かつまた、政府からいっても、政治をやって人民を治めるについて、新聞ほどの有力な機関を利用しないのは、うそであろう。大いに利用すべきが本当である。そこで彼は、官吏時代のコネを生かして、初めから政府に接近し、大いに政府に利用されようとした。太政官御用の金看板などがその一つの現われであろう。ただ問題は政府にあって、当時の政府はあとの内閣とちがい、統一見解の発表ということが少なく、たまに出すとそれは大臣・大官の個人的な意見であった。それで、源一郎の「東京日日」の場合、それに載る意見は、多くは伊藤・井上などのものであったから、いかにも長閥の味方ばかりしているよう

御用新聞というレッテル

に受けとられた。そこで民権論がますます盛んになるにつれて、源一郎と「東京日日」は、諸新聞から御用新聞とか保守論者とかいうレッテルを張られたが、その実、それほどの御用をつとめたことはなく、まして保守論者ではなかった。源一郎といえども進歩主義は進歩主義で、ただ急激な革新説には反対し、漸進主義をとったものであった。

国会開設問題

例えば、国会開設については、勿論諸新聞と同論ではあるが、諸新聞は、一挙・直接に国会を開設せよと主張するに対し、源一郎は、まず民会（市町村会）を起し、府県会を起し、それから国会を起せという。また自由主義には少しも反対しないが、十分な参政の自由を要求するに先立って、まず身体の自由、人文の自由というものを漸次わがものとして、さて参政の自由に及ぶという行き方を主張する。これが、彼のいう漸進主義であった。

自由主義のあり方

そうして、当時の「東京日日」の所論をよくよむと、彼がこれらの漸進論を主張しつつも、政府諸公の意見なり立場なりの是非得失を遠慮なく批評していたことが、よくわかる筈である。

これがもし大きな伝記であれば、ここで東京日日新聞社時代に入ったについて、新聞の社説をとり上げて、源一郎の思想とか主張とかいったものを十分論ずべきであるが、今そうした余裕はないので、それはやめ、ただ必要なときにのみ限って間接に言及するとしよう。ただここで語っておきたいのは、彼の文章の特色の一つであった「吾曹」の語についてである。吾曹は、源一郎がその文章に読者の注意をひくために意識的にとり上げたもので、その語意は吾輩とか吾儕《せい》とかいうのと同じく、「われわれ」ということである。ところで、吾輩とか吾儕についてはそうでもなかろうが、吾曹というのは、源一郎がわざと作為したものと考えている人々が多少いるらしい。それはちがうので、これは、やはり古い中国の書物に出てくる用語で、源一郎が任意に作為したものではない。ただわが国ではあまり耳なれていなかったのを拾いあげたのは、源一郎であるとはいい得よう。いつ

「吾曹」の語

ごろから中国で使われたものか、それははっきりしないが、今手もとにある『資《し》治通鑑《じつがん》』を偶然ひらいてみると、六朝《りくちょう》から唐にかけていろいろと見えている。彼は吾曹の前に我曹とつかったというが、その我曹も見えている（「江湖新聞」参照）。それから汝《じょ》曹・卿《けい》曹といったものもある。お前たち・君方というのである。それで、これの読み方であるが、これは一般人は「ゴソウ」とよみ、あるいは源一郎も後にはそう読んだかも知れないが、始めは、「わが曹」と読んだものであろうか、曹はソウともあるいはトモガラとも読んだであろう。初期の「東京日日」の社説を見ると、吾《ガ》曹となって、吾の向って右下にガのルビがついていることが多い。それで、この吾も、我曹にならって「ガ」と読んだという説も見えているようであるが、いかに源一郎でもそんな勝手は許されないので、吾はやはりゴの音である。ただそれをワガと読むとき、横にルビのように「ガ」をおいて、ワガと読むのだぞということを標示したものにちがいない。それでこのころは、ワガ曹と読んだものであろう。以上は、いわば考証めいた閑文字で、どうでもよいような気もするのであるが、ことのついでに書きつけておく。

(二) 地方官会議

翌明治八年(一八七五)六月、初めて地方官会議が開かれ、参議木戸孝允がその議長ということになった。

衆議院のテスト

今日からいうと、地方官会議というと、府県知事会議と同じもののように考えられるかも知れないが、そうではない。この会議は、この同年初めの有名な大阪会議の結果出来たもので、いわば国会なり衆議院なりのテストといった気味のものであった。つまり大阪会議の直接の成果としては、日本にも立憲政体を施行する議がきまって、天皇もそれを許し、立憲政体実施の聖詔(八年四月)を下された。そこで立憲政体の完成は将来にまつとし、さしむきそのテストをやってみようというので、地方官を代議士と見立てのこうした会議となったのである。

地方官会議書記官となる

しかるにこうした会議は、日本で初めてのことであり、いかに木戸の徳智と威権をもってしても、それだけではこの会議を成功に導くことが出来ない。そこで、木戸は、たびたびの洋行で西洋の同種会議を見聞している源一郎に内諭を下し、この会議の書記官として木戸を助けて、会議を整備し、うまく成功させてくれるように頼んだ。源一郎は、ほかならぬ木戸の依頼であるから、一時新聞に執筆することをやめ、地方官会議書記官として、太政官四等出仕の位地についた。会議の順序、発言の方法、採決の仕方などは、西洋の例を参酌して源一郎が作ったもので、最初の会議だけに、成果は大したことがなかったけれども、会議が会議らしくまとまったのは、まず源一郎の功といってもよかったろう。会議が終って（八月）、源一郎は四等出仕をやめ、また「東京日日」にもどった。

会議に出た地方官には、維新の荒波をくぐってきた豪傑も多く、なかなか大人しくしていない連中もいたが、源一郎は、木戸をかさに着て彼らの言行を抑えたといわれ（源一郎自身は、それをうそと弁明しているが）、これがまた反政府のインテリや記者仲間から憎まれる一因となった。しかし新聞全体としては、源一郎のこうした動きで却って信用を加えたろう。

新聞紙条例・讒謗律

前にもいったが、このとき「東京日日」には、岸田・甫喜山《ほきやま》などの名記者がいて、彼を助けて「東京日日」の売上げ増加を大いに進めていたが、そのほか、海《うみ》内果《うちはたす》・末松謙澄・久保田貫一・宮崎璋蔵（のちの小説家、三昧）などの若手が前後執筆をしていた。ただこの年、新聞攻勢に対する政府の対抗策として、新聞紙条例・讒謗律《ざんぼうりつ》などが出され、新聞界の名士でその災厄にかかる人々が多かったが、漸進の「東京日日」でも、どうしたことか甫喜山景雄が入獄させられた。源一郎は、前々から新聞社説で人身攻撃はしないことにしてはいたが、しかしこれ以後一段と用心をし、その文章に益々婉曲《えんきょく》な気味を加えるに至ったという。

（三）　東京会議所

明治九年（一八七六）から、源一郎は社説に社長と署名することになった。この年、伊藤の推薦で、太政官正院の御用掛として渡韓しているが、これは前年、朝鮮との間に江華島《こうかとう》事件があり、その後始末のため全権大使として黒田清隆・井上馨が出かけたが、主としてこの件に関係したものとみてよい。

この年また東京会議所から勧められて、会議所に入った。これは、江戸時代以来、各町会の共有金を司る役所（役所というより公共団体とでもいおう）、市民の福利増進が目的となっていた。そこで源一郎の政治上の態度は、前にものべたように、政治に参与するには、小からして大に及ぶという持論であったが、新聞に入って以後、世間上下・内外の動きを見るにつれて、ますますその説の至当なことを信じるに至った。そこで、全国の政治改良は他日のこととし、その手始めとして、東京は東京でまず会議を起し、東京の政治体勢を整えるがよいと望んで、さてその手をつけるにはどこからにするかと考えているところに、この勧告になったものである。そこで源一郎は、この東京会議所の事業を整理して市民の福利に真実役にたつようにするのが、さしむきの方便として極めて適当だと考えて、早速これに応じて相談に与《あず》かることにしたが、しかし一人では孤掌《こしょう》鳴りがたしで覚束ないので、同志の渋沢栄一をも誘って、一緒に会議所に入ることにした。そうして二人で会議所の牛耳をとって、共有金を使って積極的に市民の福利をはかることにつとめた（一例として方々にある養老院などがその名残りといえる）。この会議所は、あとで府県会の設立の布告が出るまで引きつづいたが、その布告とともに解散し、共有金も東京府会に引きついだ。

渋沢栄一を誘う

なお、これも渋沢や益田孝などと相談してやったことであるが、実業社会の役に立てるために、この年「中外物価新報」というものを創刊し、東京日日社でその発売元となった。これは、日本の経済新聞の最初であり（「日本経済新聞」の前身）、源一郎の眼がひとり政治に局限されず、経済の発達にもよく注意していたことを

「中外物価新報」を創刊

語っている。

(四)「戦報採録」

西南の役

第二の維新

京都へ赴く

大阪に下る

明治十年（一八七七）二月西南の役（西郷戦争）が起った。源一郎はこの変報を聞くと、蹶然《けつぜん》として起《た》っていうには、これは第二の維新である。当然征討の勅を下して討つべきに、それの下らないのはどうしたということであろう。それで二月の二十日、同志小室信夫《しのぶ》と同行で急に東京を発し、昼夜兼行して陸路京都に行った。それは、このときはちょうど明治天皇は御巡幸で、従って、天皇を始め、三条・木戸・大久保・伊藤などが皆京都にいたからである。源一郎が京都につくと、その前日をもって征討の勅が下っていたので、源一郎はそのまま木戸に会って意見だけをのべ、すぐ大阪に下って、そこにいた伊藤に会った。伊藤はそのとき旅館にいて、鳥尾小弥太中将と軍議をしていたが、源一郎の顔を見ると、どうだ福地、大阪にいたのでは砲声の一つも聞えないぞ、戦地に赴いてみたらどうだといった。伊藤は勿論冗談にそういったのであるが、源一郎は、それに乗じて本気に戦地にいってみようという気になった。それで、いや、そのことでございます、それをお願いしようと思って参上いたしましたと答えた。伊藤は、冗談にああはいったものの、福地が本気で戦地に赴いて、戦争の実況を見てそれを報道しようというなら、その意に任せるというわけになり、それでは鳥尾君、福地を船にのせて連れていってくれ給えというので、その夜すぐ御用船に乗り組んで神戸を発した。

御用船に乗って戦地へ

この行、源一郎は、初めから京阪まで来るつもりであったので、何の支度もない。いつもの小紋縮緬《こもんちりめん》のぞろりとした服装であったから、いかに何でもこの風で戦地に行くのは不都合にすぎるというので、伊藤に頼んでその控えの洋服をもらいうけ、それを着て出かけた。そうして博多で上陸し、参軍山県有朋の本営に行って、来意をのべたところ、山県も喜んで、そのまま本営に止宿させることになった。しかるに、軍には軍の規律があって、いかに三軍の大将でも、無用のものを本営にいつまでもとめておくことは出来ない。幸い本営では、戦争中物を書く人が不足して、報道書その他を認《したた》めるにもはなはだ事をかく有様である。どうだ、その用向きを引きうけてはくれまいか、と山県がいった。そこで源一郎は、軍議・軍略にさし支えない限り、新聞への報道さえ黙認して下されたなら、それはお易い御用ですといったところ、それではそうするとしよう、というので、即日、軍団本営附という肩書をもらった。源一郎はこの肩書きで報道の便利を得たことはいうまでもなく、それが「戦地採報」と題して「東京日日」に出ると、どっと人気が出て、「日日」の売上げが目に見えて上った。しかしその一方、山県のためにも大いに努力して書記役をつとめたことは、いうまでもない。その上、前に「東京日日」の記者として彼の部下であった末松謙澄が、このとき山県の下に来ていたので（このとき、末松は伊藤に見出されて、官海に入っていた）、その辺からも大いに

軍団本営附となる
「戦地採報」

便利を得たものである。

犬養毅

源一郎の戦報が好評を得るにつれて、各新聞社でも黙っておれず、「報知」は矢野竜渓を、「朝野」は成島柳北を派遣したが、いずれも京都に止まって戦地には行かなかった。しかし「報知」では、その代り青年記者犬養毅《つよし》を戦地にやって自由報道をとらしたので、軍団本営などに縁のない犬養は、生命がけで単身深く前線に入り込み、生々しい戦報を送って、名をあげた。

大阪に戻る

源一郎は、戦地にあること二月から四月に及んだので、一旦帰京するつもりで、四月のはじめ山県の本営を辞し、船で大阪について、そのとき大阪にいた木戸と伊藤に会って、戦地の状況をのべ、あわせて自分の意見(つまり見込み)を語った。

明治天皇に拝謁

その翌日木戸は京都に行ったが、やがて電報で、源一郎を京都によんだので、源一郎は何事かと、早速京都に行ったところ、木戸から、明治天皇の御内意を聞かされ、四月六日、参内し、御学問所で諸大臣・華族列坐の上、戦地の状況を目撃したまま言上して、二時間余に及んだ。天皇は叡感あって、源一郎に御召縮緬二反と金五十円を下された。当時としては、それは、新聞記者としてこの上のない光栄で、源一郎みずからも大いに誇りとしたものであった。

源一郎は、本来そのまま帰社するつもりであったのであるが、このとき天皇から、戦争はまだつづいているのであるから、もう一度肥後へ行って来たらどうだというお言葉があり、また「東京日日」の本社の方でも戦報をもう少しつづけてくれといってきたので、それではというので、さしむきの要用をかたづ

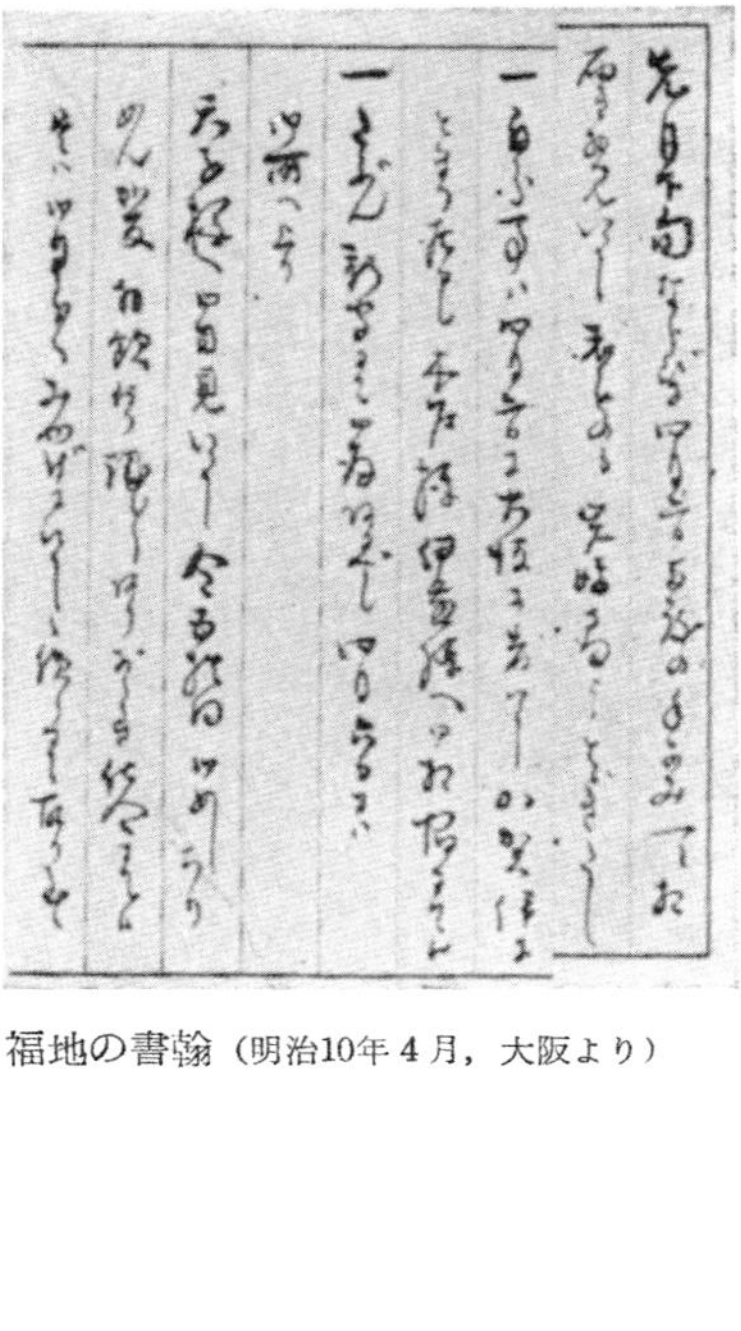

福地の書翰（明治10年4月，大阪より）

再び戦地に赴く

けたのみで、再び大阪から戦地に引き返した。そうして熊本についたのは、四月十八日、すなわち城の包囲のとけた三日後であったという。このときは一人でなく、久保田貫一が同行したらしい。源一郎は、これから戦地にあることおよそ二ヵ月、つぶさに肥薩の間を往来して、六月に至って帰京した。この二度目に戦地にある間に、ほぼ戦局の見通しもつき、賊軍の敗勢が明らかとなった。

西郷あての勧降書を認める

彼が山県のために、西郷宛の勧降書を認めたというのは、この間のことと伝えられている。

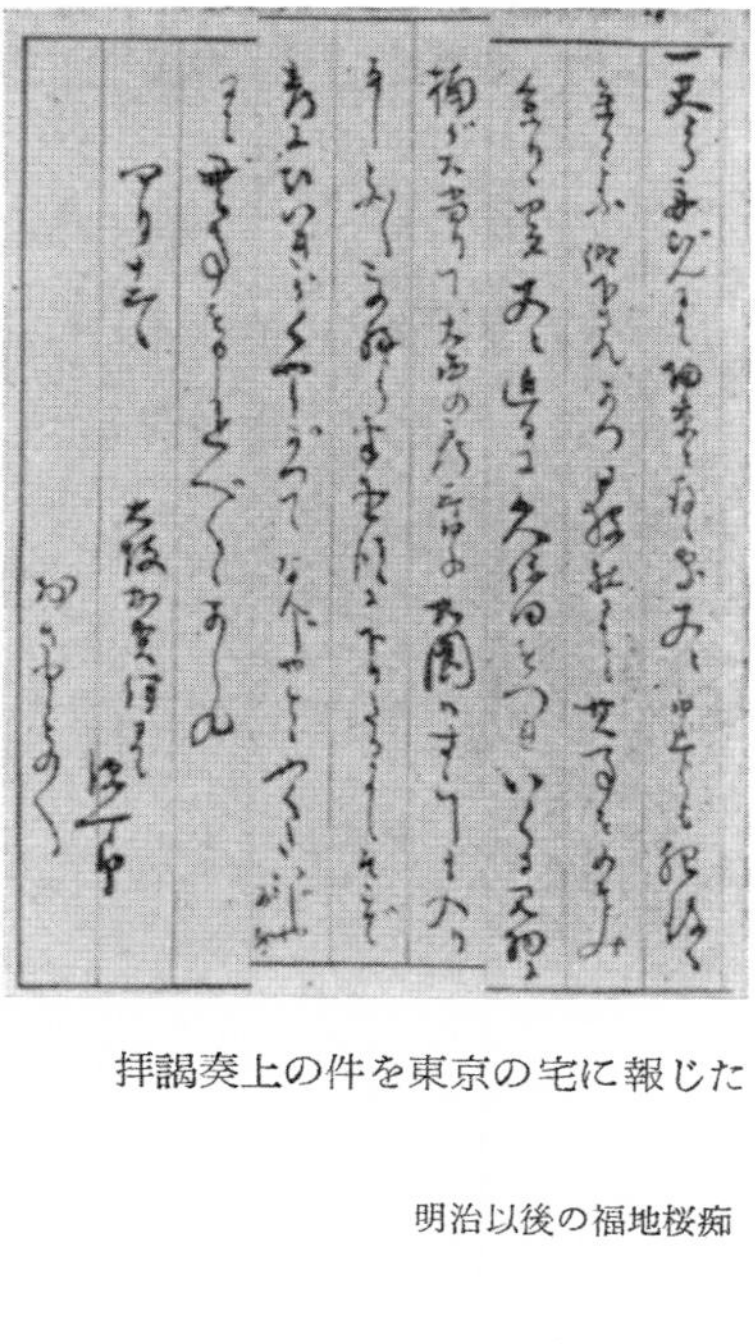

拝謁奏上の件を東京の宅に報じた

（五）　商法会議所と東京府会

かくて源一郎の新聞記者としての名声が揚ると、ともにその名声なり、その知恵なりを新聞以外からも借りようという人々がいろいろと出たことは、そのころとしては当然なことで、従って源一郎は、自然に新聞以外の社会活動にも入るようになった。その代表的なものは、まず東京商法会議所との関係であろう。彼の理想の一つが、実業振興にあった上に、その方に彼の旧知がいろいろ活動していたところからも、この結びつきは、当然の成り行きであったと見てよかろう。

商法会議所副会頭となる

商法会議所は、明治十一年二月、有志者によって設立されたものであるが、源一郎は、その有志から頼まれて、渋沢栄一などと一緒に発起人となって種々周旋した。そうして会議所が出来ると、渋沢会頭の下に、益田孝と並んで副会頭となった。

この会議所は、やがて政府の農商工会の規則の制定ということがあって、一旦廃されたが、再び商工会として発足した。源一郎は、この会でも副会頭に選ばれた（前後四年この位地にあったという）。

また別に、東京府の依嘱によって、その商法講習所（のちの一橋大学）の維持法および教則などについて、渋沢栄一らと一緒にいろいろと尽力をしたことがあった。

東京株式取引所肝煎となる

また、この年、東京株式取引所が設立され、源一郎は、渋沢喜作らとともにその肝煎《きもいり》（幹事役）に選ばれた。

その上、恐らくそれらに関する前後、この年四月、第二回の地方官会議が開かれたが、源一郎は、やはり議長伊藤にのぞまれて、会議中御用掛となり、書記官の役をつとめた（会議終了後、退官する）。

東京府会議員に選出され議長となる

すでにして政府は、府県会規則を布告した。東京府下では、この年十一月、各郡区において選挙会を行ない、源一郎は、下谷区から選ばれて、府会議員となった。そうして、議長選挙のときは（明治十二年一月）、福沢諭吉や大倉喜八郎を凌いで、その位地に当選した。福沢は、ついに府会議員を辞して就かなかったが、世評では、源一郎に議長で破れたのを残念に思ったためといった。しかし福沢のために弁ずれば、福沢には別に考えがあったものと見てよく、源一郎に負けたとか勝ったとかいうことにこだわるほど、胸の狭い福沢ではなかった筈である。

源一郎は、府会議員たること都合四年で、自分から退き、あとは選挙に応じなかった。

(六)グラント将軍接待

源一郎は、こうして新聞以外の社会の活動が多くなるにつれ、つくづく考えたことであるが、およそ日本人民の権利を適当に伸張するためには(すなわち漸進主義の実践)、どうしても社会において官民調和ということを専要とせざるを得ない。官民調和なくして人民の権利だけを伸張しようとすれば、それは結局官民の激突、あるいは国家の革命ともなってしまう。そうして、その調和を実現するには、ただ新聞などで議論しているばかりでは仕方がない。それには、何かの方法で実行するのが第一である。こう考えた。そこで渋沢・益田孝・小室信夫などの同志に謀ってみるに、みな同意である。それで、源一郎は、その第一着手として、社会における交際（社交）ということを唱え、その道をひらくのが、この官民調和を実現する第一歩であるというので、あるいは夜会を催おし、あるいは外賓の渡来に際し、紳士仲間の饗応をひらくなどのことをして、その機会に高位高官の貴顕をも招いて、紳士連中との交際を円滑にしようとつとめることにした。

夜会
外賓の饗応

明治十二年夏のアメリカ前大統領グラント将軍の日本来遊が、ちょうど源一郎らがそうした社会交際・官民調和を実行しかけていたときに当ったことは、源一郎らにとって、大きな喜びであった。源一郎は、これを機会として大いにその理想を実行しようとした。

グラントの来遊

グラント将軍の歓迎については、勿論政府も委員を設けて力を尽したが、源一

新富座の観劇会

郎は、渋沢そのほかの人々と謀り、東京府民の名によって、政府とは別に大いにグラント将軍の接待につとめることにした。源一郎らは、グラント一行の東京入りに先立って、早速府会・商法会議所・各区正副議長の連合会議を開き、接待委員をきめ、かつその方法を協議した。このとき源一郎は、渋沢とともに接待委員長に選ばれた。接待のプログラムは、主として源一郎の企画で、源一郎は有志から三万円の醵金《きょきん》を得て、その企画を実行した。グラントの東京入りは、七月三日であるが、七月三日新橋駅に一行が下車すると、東京府民有志の接待委員を代表して、渋沢は歓迎文をよみ、源一郎は、府民代表として祝文を読んだ。グラントは、源一郎とは本国アメリカで会って顔見識りの間柄であったので、源一郎に向ってその厚意を謝する旨の言葉を与えた。七月八日には虎ノ門工部大学で大夜会を開き、七月十六日夜は新富座《しんとみざ》で観劇会を催し、ともにグラント将軍を主賓として招待した。この夜の芝居は、八幡太郎義家の奥州征伐に筋をとったものであったが、これは源一郎の案で、大筋にはアメリカの南北戦争をからませ、グラント将軍を義家に見立てたものであった。役者は、団・菊・左はもちろん、当時の名優を総動員したものであったが、そのほか新富町芸妓総出の手踊りもあったが、これまた上着をぬぐと、下がアメリカの星条旗のユカタとなっているという趣向のもので、グラントが頗る面白がったといわれている。

上野公園での大会

だが歓迎のクライマックスは、八月二十五日の上野公園での大会であった。これも源一郎の案で、この大会は、ただの大会では面白味が少ないので、日本国民がいかにグラントの来遊を喜んでいるかということを深く印象させるためにも、同日天皇の御臨幸を仰ぐべきだということになり、接待委員は勿論、府会議員・十五区会議員・商法会議所議員が連署の上、東京府知事楠本正隆の手を経て、請願書を出した。ところが、御臨幸は許可になったが、同日ということは、どういう都合でか延期になった。そこで源一郎らは、重ねて議を立てて、グラント滞在

明治天皇の臨幸

一生の大得意

中に御臨幸があってこそ、グラントに、日本天皇・日本政府が彼を栄遇する心のいかに深いかを知らせるに役に立つが、彼が去ってからの御臨幸ではその甲斐がなかろうと請うたところ、今度は、もっともであるというので、ついに、二十五日、天皇・皇后お揃いで御臨幸という未曾有《みぞう》の盛挙となった。このとき、武人グラントの気に入るような日本の古武道などの催しがいろいろあったが、それらのことは、別に詳しく書いたものもあるから、いま一々のべない。このとき、源一郎は、西洋流にグラント将軍夫人の腕を抱え、その座席まで案内したが、それが、彼自身の言葉をかりると、一生の大得意の瞬間であったという。このときの府民の祝詞も、やはり源一郎が読んだが、これは、議長たる彼の当然の役割であったろう。

グラント将軍来遊の件は、こうした大がかりな歓迎計画そのほかの点で、いうまでもなく明治初期社会史乃至風俗史の上の一大事件であったが、天皇が彼の経世家としての実歴を尊重して、種々政治上の御下問があり、日本政治の将来についての考えなどもお尋ねになったのみならず、天皇は彼の答えに感心し、そうとは明言されぬが、天皇将来の御施設にその幾分をとり入れられたということになっているので、政治史の上からも、一応の大事件と見てよかったものといえる。それで、源一郎の場合、彼がグラントの歓迎に尽力したことは、彼個人の一切の思惑をはなれても、ただそれだけでも意味があったといってよいことは、いうまでもない。しかるに、前にのべたように、彼個人は、それを機会として、その理想としていた社会交際をますます盛んにし、大いに官民調和の実効を得ようと欲していたのであるという（『自伝』）。そうなれば、民権も、実地に伸張し、立憲政治にも有利な結果となると考えてのことであった。ところが、この歓迎の挙の結果が、源一郎の思う方に行かず、却って彼の理想の実現を萎縮させることになったのは、

沼間守一の批難

意外の伏兵に一撃をうけたからで、その一撃は、すなわち沼間守一の手から出た。

沼間は、このとき源一郎らが府民の名を濫用した（代表云々）というので、声を大にして、御臨幸請願の挙を批難した。源一郎らは、それが濫用でないことを種々弁明したので、一応必ずしも濫用云々ではないということがわかったけれども（沼間のいうところも一理も二理もあるが、源一郎の府会における立場を見れば、一概に濫用とのみはいえなかろう）、しかし初めから源一郎らの案に鼓舞されて賛成した有志の人々の中には、金を出し、時間を費して、さて盗用とか濫用とかわるくいわれたのでは、はなはだ面白くないというので、源一郎らのいう社会交際にも萎縮の態度を示したので、ついに源一郎もその志を実地に十分のばすということが出来ずに終った。彼は、その自伝においてこういっている。

福地は常に此の事を惜み、沼間君にして当時社会の経歴に富ましめたらば、斯《かか》る演説はせざりしならん。又源一郎をして権謀に長じたらしめば、沼間君などは容易に籠絡《ろうらく》し得べきならんにと云ひ合ひたり、云々。

そうはいっているが、沼間もさるもの、源一郎が考えたように簡単に籠絡されたかどうか、それは疑問であろう。ただわかっているのは、源一郎の方が沼間に比べて案外単純で、正直で、人のよいところがあったのではないか、深沈考慮という点では、沼間に数日の長があったのではないか、ということである。学問経歴の有無は自ら別問題とすべきであろう。

源一郎は、以上のほか、この年、東京地学協会の設立に協力したということになっている。

（七）民権勃興

政府と疎縁となる

明治十三年は、歴史上、民権勃興の年として記憶されているが、源一郎の新聞は依然上昇をつづけた。同時に、新聞を通して注意されることは、源一郎が、依然漸進主義・現実主義はすてなかったけれども、ようやく政府と疎縁となり、政府の政策・施設に対して是々非々の立場をとることになったということである。

政治批評の筆を振いはじめる

源一郎は、前にもいったように、大いに政府に接近し、その新聞を政府に利用させるつもりで太政官印刷御用の金看板もかけたのであるが、政府の方では、どういうものか、案外源一郎の思惑のように新聞を利用せず、いわば敬遠している傾きがあった。利用といかぬが、彼が接近した政府大官は、伊藤・井上・山県などという旧知に限られたもので、それも政府の政策・施設については、個人的の意見を聞かしてくれるだけであって、要するに奥歯にもののはさまった態度である。しかも肝腎の政策なり施設なりは次第に崩れて無統制になる気味があり、いわば群雄割拠・藩閥跋扈《ばっこ》で、公正よりも私曲が多く、かつて木戸・板垣などが政府にいたころ立てた立憲政治の理想も危ぶまれてきた。そこで源一郎ももうこれまでと覚悟を固めて、政府がそのつもりならと、積極的接近はあきらめ、態度を新たにして是々非々主義で政治批評の筆を振うことにした。彼は『懐往事談』でそのいきさつを詳しく語っているが、そう思ってこのころの「東京日日新聞」をみると、漸進主義は勿論すてていないけれども、その批評態度は、かなり民権家的なものに近くなっている。例えば、新聞（言論）自由論を唱え、自由政府出現の必要を論じ、憲法は国約を可とするなどという論が、続々と見られるのである。しかしそういう民権主義的なところがやや露骨になっても、漸進主義は漸進主義であったのであるから、やはり旧来の民権新聞・民権記者たちとは調子のあわないところがあることはあった。その点で、政府と疎縁になった源一郎は、依然他の民権論者なり民権記者なりとも一致しなかったので、ある意味で孤立無援といった形となったが、それだけに独自の立場をはっきりさせて、自由に縦横に筆を揮えたのではないかと思う。ともかく明治十三年前後の「東京日日」における彼の社説論文は、大概読むに足るものが多いのは、事実である。

独自の立場

このころは、新聞・雑誌の論調は、民間の民権熱につられて、ほぼ急進的なものにまとまったといえよう。程度とか手段とかの差はあっても、大体急進的な方

フランス式自由主義とイギリス式自由主義

向にむかった。目標は二つあって、フランス式自由主義・イギリス式自由主義がそれであるが、イギリス式を急進とよぶのは可笑《おか》しいようであるけれども、実はその中にアメリカの民主政治理想も含んでいるのであるから、可笑しくはない。そうして、フランス式をとる人々はあとで主に自由党にゆき、イギリス・アメリカ式をとる人々は改進党にゆくのであるが、改進党となってからは、自由党と区別するために、改進即《そく》漸進などという議論もまとまってくるのであるけれども、初めの十三年ごろには、相当急進・過激な思想があったのである。

福地の立場

源一郎は、学問・思想の上からいえば両方をかねているわけであるが、どちらかといえば、イギリス・アメリカに近く、従って後の改進党に近い立場であったといえよう。しかしこれは前々から現実的の漸進主義を掲げていたので、時勢がこう急進的な空気になってみると、急進的な連中からいえば、漸進から一歩も二歩も後退した保守主義のように見えたろう。そのために、改進党に近い立場であ

政論の活溌な年

進歩主義

りながら、後で自由党・改進党となる双方の人々からつよく叩《たた》かれた。しかし叩かれても源一郎は、敗けておらず、敢然と応酬した。それで明治十三年は、源一郎の政治的生涯中、もっとも政論の活溌な年となった。そうして、その政論の内容が、彼があくまでも漸進論であり、その限りにおいての進歩主義であって、ただの保守主義者でなかったということを証明している。研究家は、このころの彼の論文をよみ直して、彼の漸進主義の本質を見分けるべきであろう。

実業方面でも大立物の一人

ところで、源一郎が急進派から叩かれたのは、政治思想の大きな相違から出たことで、当然ともいえるが、政治思想的に近かった筈の大隈参議（重信）の側近からも案外叩かれた。しかもこの方は、政治的理由よりもむしろ経済論の方で叩かれたのである。けだしこのころの源一郎は、新聞の方で大記者の名があったばかりでなく、渋沢や益田孝の仲間となって、府政や実業方面でもいつとなく大立物の一人となっていたので、その関係からも風当りがつよくなる立場にあったのである。

「紙幣始末」

渋沢栄一の紙幣増発不安の建白

源一郎が株式取引所の肝煎《きもいり》となったことは、前（明治十二年の条）にのべた。ところで、このころは、日本帝国の財政は大隈参議の全権に握られていたもので、大隈は紙幣政策をとっていたので、明治十年、西南戦争のあと、再び紙幣政策をつづけ、しきりに紙幣を増発した。そこで銀貨は次第に騰貴して、明治十二年から十三年に入ると、一円のものが一円八十銭にもなった。源一郎は、もともと硬貨主義・金本位の議論を持していたものであったから、この現象を見て大いに憂慮し、政治論の合間に、「東京日日」に「紙幣始末」という一大長篇を掲げて、しきりに紙幣政策の不可を論じ立てた。しかるにほぼ同じころ、渋沢栄一も、こうした紙幣増発の不安について政府に建白を出し、その国家財政にとって利にならぬという意見を述べた。これは別に相談したのではなく、期せずしてそうなったのであったが、これを見た大隈は、渋沢・福地の二人は、昔年《せきねん》の旧誼を忘れ、今や二人徒党して自分の攻撃を始めたと思い込んで、大いに怒ったという。

三菱、福地らを攻撃

しかるに、ちょうどこのとき、益田孝らは同志を結んで風帆船会社というものを創立したが、これが端《はし》なくも海上王三菱会社（社長岩崎弥太郎）の機嫌を損ずることになった（岩崎と大隈との間に固い連絡があったことは、今殊更に新らしくのべるまでもなかろう）。そこで三菱側で、新聞をつかって、その方から益田・渋沢・源一郎らを攻撃し出した。益田・渋沢、殊に渋沢は、そのために一時苦しい羽目になったこともあったが、源一郎は、本職が本職であり、別に風帆船会社には直接関係せぬのであるから、この点で攻撃されても痛くもかゆくもない。そこで手を換えて、株

福地源一郎，40歳

式取引所の方から源一郎および同僚の渋沢喜作を中傷しようとかかった。その運動を主として受けもったのは、源一郎自身の言によれば、三菱の朝吹英二と某銀行頭取の二人で、世評では二人とも大隈参議の内意を受けたものということになっていた。二人は株主を動かして、源一郎と喜作が取引所の預金を濫用している疑いがあると思いこませ（源一郎の当時の派手な生活振りなどは、そう思いこませるにいかにも都合がよかったと思う）、臨時総会を開かせることにした。そうして総会で帳簿の検査となったが、検査の結果は、毫釐《ごうり》の間違いがなく、濫用の事実が全くないということがわかったので、株主は大いに安心し、同時に朝吹らは面目丸つぶれとなった。

源一郎は、これで面目が立ったが、しかしこういうことでたびたび嫌疑をうけるようでは、公人として面白くないというので、渋沢喜作ともども肝煎を辞した（十四年）。そうして、これ以後、源一郎は、二度とこの種類の公立会社に関係する念を絶ち、一意新聞に力を注ぐことにした。それでもこの株式取引所にいる間に、源一郎は、銀貨・米相場などのことに実地に通暁することが出来たので、よい経験をつんだことになった。これまでも、彼は、政治論・外交論のほかに好んで経済論をやったが、これ以後、この経験が生きて、彼の経済論が一そうしっかりしたものとなった。彼の論敵たる「報知」の矢野竜溪が、福地の政治論は恐るることはないが、その経済論には感心するといったのは、その辺の事情から来ていよう。

なお源一郎が、以上のような会社とか会所とかに関係したのは、彼の物質欲か事業欲から出たように考える人があるかも知れないが、そうではない。当時はこうした公的事業に関係するのも、民権伸張の一端であると考えてのことであったろう。

（八）　開拓使払下げ事件

十三年の民間人の民権自由熱は、さすがに政府を驚かしたらしい。政府も急いで対策を立てる必要を感じた。日本政治の将来をどうするか。それは、立憲君主政治でいくことに大体きまっていたのであるが、それを、いつ、どういうやり方でやるか、今までは、それがはっきりしていなかった。今やそれをはっきりさせる必要に迫られたのである。そこで、政府上層は、内閣中の有力者に対して意見をもとめ、そのはっきりしないところをはっきりさせることにした。内閣中の有力者中の有力者といえば、そのころは大隈・伊藤・井上の三人であるが、この三人は日本の将来を立憲政治でやるということについては、ほぼ意見が合っている。世界文明国の大勢と日本の進出ということを考えると、それが何としても根本だからである。そこで、民間人の自由熱に対応するかのように、内閣でもこの三人は連契して立憲政治の完成に当る志を固めたが、それを固めたとはいっても、政府には政府の立場があり、理想があり、簡単に民間人と連合して、彼らに振り廻

政府の新聞

されることは閉口である。よし全体の方向は同じ方をむいているとしても、政府は政府として主体性をとって、国民を指導しなければならぬ。そこで、大隈・伊藤・井上の三人は、たびたび会合して意見を練り、まず民間の輿論をわが好む方に導く必要から、政府の新聞を作ることにし、この新聞の仕事を福沢諭吉に当てたところ、福沢も一応は承諾したということになった。こうした動きは大体十三年中のことで、こうして明治十三年から、十四年に入って行くのである。

福沢を主とする政府の新聞案

さてこの新聞の件であるが、これは、どういうことで福沢にもっていったか。従来の関係からいえば当然源一郎の「東京日日」にもっていくべきである。しかるにそういかなかったところに何か特別な理由があったと見なくてはならぬ。源一郎が政府の態度に大いに愛想をつかして、内閣諸公と疎縁となったということは前にものべた。あるいは内閣諸公の方で、源一郎のこうした態度に腹を立てたということがあったかも知れない。だが仮りにそれがあったとしても、そればかりではなさそうである。今度の立憲政治への踏み切りは、政府としては乾坤一擲《けんこんいってき》ともなるものであるから、全く人心を新たなところから指導しようとして、妙なくされ縁めく臭味のある源一郎の「東京日日」を離れ、全然新らしい新聞を作ろうとしたということも考えられる。あるいは大隈側近の若手の知恵袋連中が大方は福沢の門から出ているところから、三人の連契に福沢を一枚入れるという案を考え出し、それを大隈に吹き込んだのかも知れない。福沢は、伊藤・井上とそれほど親近感がなかったと見えるから、ともかく大隈を信用して動いたものであろう。しかし福沢も動いたには動いたのであるから、彼相当の大きな理想があったものと見られよう。こうした三人の連契、福沢と新聞の件などは、新聞人のことであるから、早くも源一郎の耳にも入って、あまり面白くない思いをしたことであろう。だが今もいった通り、表面はそのままで明治十四年に入って行くわけである。

大隈の急進論

十四年に入って、上層の催促のまま伊藤・井上も意見を出したが、大隈はなかなか出さない。しかしともかく、三月になってやっとそれを出した。出したものを伊藤が借りて読むと、意外の急進論で、憲法を本年中にも至急に制定し、国会を十六年に開くという論である。殆んど民間人の輿論に上廻った急進論である。その意見の起草者は若手の知恵袋の一人か二人（矢野竜渓が書き、小野梓《あずさ》が補訂したという）であったろうが、その人々の考えによると、民間の急進論を抑えるには、それ以上の急進論をもってしないといけないというのであったか。ともあれ、大隈は承知でそれを上層に出したのである。そこで伊藤・井上は味方に足もとをすくわれたように思って、怒った。伊藤の怒りは殊に激しく、辞職を申出たほどであった。しかし上層の取りなしや、大隈の釈明やらがあって、この騒ぎはともかくも収まった。騒ぎは収まったが、前の三人連契は完全に解消して、あべこべに対立のしこりを残した。それで、福沢を主とした新聞の案も、もちろん雲散してしまった。福沢は大いに立腹して伊藤・井上をせめたが、しかし何ともならなかった。

開拓使払い下げ事件

大隈の意見書差出し、すなわち奏議の問題は、これで一応は収まったが、このときの政府には今一つの大きな難問があった。それは北海道開拓使払い下げ事件というもので、政府が長い間多額の経費をかけてやってきた開拓使の諸事業一切を年賦一万円、金三十万円で民間会社に払い下げようというもので、ただこれだけを聞いても驚くべき乱暴な案のように聞えるが、それを主張する当人が薩摩出身の開拓使長官黒田清隆で、清隆が払い下げようというのが同じ薩摩出身の実業家五代友厚《ごだいともあつ》らの民間会社であったので、両者の間に何らかの利権的な臭味があるかのように取沙汰されていた。内閣でも初めは反対が多かったが、黒田は何しろ乱暴者で通っており、いつ暴力を振うかわからぬという人物であったから、次第に反対者も減って天皇の御裁可が出そうになった。ただ一人最後まで反対しているのは、大隈参議だけということになっていた。

払い下げ事件の糾弾

この払い下げ事件が民間にもれると、民間志士は小躍《こおど》りして起《た》った。こうした事件があるからこそ、急々に立憲政治の実施が必要になるのである。この際声を大にしてこの事件を世人に訴え、こうした不義・不正をなくするためにお互いにますます民権熱をもり上げようではないかとなって、方々で盛んに払い下げ事件糾弾の演説会を開いた。そうして、結果として、黒田を悪くいい、藩閥を悪くいい、その黒田に反対し、藩閥に反対したというので大隈をほめ上げ、民権の味方は大隈一人だというようにいいはやした。

源一郎の払い下げ事件に対する態度

ところで、この間源一郎はどうしたか。源一郎は、前にのべたようなことで、政府と疎縁のまま十四年になったが、彼は、この大隈中心の政府の騒動にはもちろん直接何の関係もなかった。しかし開拓使払い下げ事件については、おのずからちがうので、これについては、彼は珍らしくはっきりと政府反対に廻ったので

旧敵と握手

巧い演説

福地の大演説

民権家の花形

ある。『懐往事談』にも、このときほど政府の政治のだらしなさに腹の立ったことはなかったと語っているが、彼は断然政府反対に廻り、単に反対に廻って、自分の「東京日日」でその反対論を強調したのみでなく、今まで喧嘩相手としていた沼間守一・高梨哲四郎・益田克徳・肥塚竜などという急進連中と握手をして、公然と演説にも出た。これには世間もその意外に驚いた。そうして驚くと同時に喝采《かっさい》もした。源一郎は、やらせると巧い演説がやれる、雄弁で攻撃演説でも何でも巧い。八月二十五日、新富座の東京演説会で、「開拓使官有物ノ処分弁ニ財政ヲ論ズ」と題してやったものが正に大演説で、これで彼の人気は急上昇し、一挙に民権家の花形となったかの観があった（この演説の筆記は八月二十七日から三十日の「東京日日」で読むことが出来るが、いかにも民権家にふさわしい激しい口調の政府攻撃演説である）。九月二十四日にも浅草の井生村《いぶむら》楼で、高梨や、丸山名政・志摩万次郎・堀口昂・田口卯吉・青木匡などと一緒に演説をして聴衆に大きな感激を与えている。これは、

福地の豹変

従来漸進主義を守ってきた源一郎としては、まさに文字通り豹変《ひょうへん》したものといわなくてはならぬ。

世間では、こうした源一郎の豹変をみて、大隈に買収されたのだというものもあった。

芝居根性

また彼の例の芝居根性の現われと冷眼視するものもあった。しかし大隈に後にいうような陰謀でもあれば格別、陰謀も何もないのに源一郎を買収する必要はなかった筈。また芝居根性云々といっても、ただの芝居根性だけからこうした大きな豹変が出来るものであろうか。思うに、源一郎の漸進主義は元来政府に迎合するための漸進主義ではなく、日本に立派な立憲政治を立てるための漸進主義であった。それに彼は道楽は人一倍するが、元来が正直者であり、感情的なところもある。

福地の真意

恐らくこのときの政府のやり方を見て、公私両面から真実腹にすえかねたものがあって、それで政府に覚醒の一打撃を与えるために起《た》ったものであろう。これを露骨にいえば、自分および「東京日日」に対する政府の曖昧な態度への不平不満、新らしい新聞計画への疎外、藩閥によるずるずるの悪政に対する嫌悪、同じ藩閥でも薩摩に対する特別な厭《いと》わしさといったもの、そういうものが感情的に固まって、こうした挙に出たものではないか。殊に、新らしい新聞に自分を疏外された一件では、内々でひどく機嫌を害したことと思う。しかしともあれ、そういう私的な不平不満だけではなく、政府の悪政を憎む気持、そうした悪政が重なれば、彼の理想としていた漸進的の円満な立憲政治の達成など全く目途《めど》がつかなくなってしまうという恐れ、真実そういうことも考えて起ったものと見たい。そうして、その真実の態度のかげには、一抹の芝居気味、どうだ、いざとなるとおれとおれの「東京日日」にもこれだけの大仕事が出来るのだぞ、という芝居気味があったことも、あったと思う。それはあってもよいのである。あるいはある方が源一郎らしくてよいといえるかも知れない。しかし芝居気味・芝居根性だけで彼が起ったとみては、あまりに源一郎に対する同情がなさすぎよう。

さて源一郎のことはちょっとおいて、開拓使と大隈参議の始末を簡単につけてしまおう。

開拓使糾弾の火の手が民間で高くなるにつれ、大隈の人気がひとり昂揚したことは、上にのべた通りであるが、ちょうどそのころから大隈参議の謀反という風説が、政界の上下に流れ始めた。謀反というと、すぐ武力暴動を考えるが、いま大隈の場合は、そうではないとしても、薩長藩閥を排斥し、若手の官公吏中の有能者をおだてて内閣を乗っ取り、日本の政治をわが思うようにするというのであろう。上層は西郷以来と心配し、また内閣でも奔走する人々がいろいろ出た。しかるに当の大隈は天皇の東北御巡幸についていって、東京にはいなかったのである。これは恐らく巧《うま》くたくまれた芝居で、誰かしっかりした作者があったろうと思うが、その誰であったかは、今もって知れない。しかし大隈のそのころの言動にもそうした陰謀とか謀反とかの風説をひくような傍若無人《ぼうじゃくむじん》なところがあることはあったともいえよう。それで表面の結果として、薩長出身の内閣高官は手を握って大隈追い出しに夢中になり、しきりに上層に迫ったので、上層もやむなく承認した。そうして開拓使払い下げ事件も、大隈追い出しが認められると、これと交換したかのように取消しとなった。そうして十月十二日、一切の後始末をつけるかのように、二十三年国会開設を約束された大詔が出されたのである。

明治十四年の政変

国会開設の詔

要するに、十四年の八月から九月・十月とかけてが、この政変のクライマックスであり、源一郎は、この際大隈追い出しに直接関係はしなかったものの、もう一方の開拓使払い下げ事件には反対派の立役者となって、人気のピークに立った。後から考えて、このときが源一郎生涯の盛衰の転廻点であったといえる。源一郎のためを謀れば、このまま政府と離れ、民間の志士の仲間入りをすることも出来た。急進の自由党的な連中とは相容《い》れないところがあっても、漸進に近い改進党的な連中とは、十分話が合った筈である。こうした行き方をすれば、従来の保守

福地の生涯の転廻点

的云々の誤解もとれ、彼はやはりわが党の士であったという風に歓迎されて、この後は、彼の人気も新聞の人気も一層加わることになったろう。

そうして、そのことは、本人の源一郎が誰よりも一番よく知っていたのである。彼はそのことを『懐往事談』中ではっきりと告白している。しかるに事実は、そちらの方に向わずに、源一郎は、大詔渙発《かんぱつ》を機として、再びもとの漸進主義にもどり（すなわち旧来の、保守的色彩が濃くついたような）、長閥の伊藤・井上と接近し始めている。折角の転廻点が転廻点の役割をせず、却って振り出しにもどす役割をしたことになっているのである。それはなぜであろう。彼は、その理由を語っていないし、書いてもいない。しかしこれは大事なところであったから、そういうことになったには、なっただけの理由がなければならぬ。あるいは、大事なだけ、語るも書くも出来なかったのかも知れない。今日となっては、一切ただ揣摩《しま》臆測するよりほかないのである。

振り出しにもどる

伊藤博文と会見

源一郎は、前にいった通り、九月下旬まで民間志士と行動をともにした。九月二十六日の板垣退助招待会(民間志士の)にも主人側の一人として出席している。しかるに、それから一週間ほどたった十月の初めには、彼は伊藤博文と会見して、政局の動向を打診している。これは彼から出かけたか、伊藤から招いたか、恐らくは伊藤がひそかに招いたものではないか。昔流の孫子《そんし》の反間苦肉の計で、敵の連合中に味方を作るというやり方を、新らしくいったものであろう。その前にも、開拓使攻撃をやったとき、井上が源一郎の言動の軽率をせめたという(あるいは人伝《づ》てにでもあろうか)。このときは、伊藤は、従来の関係から彼の昨今の動きが彼らの旧情を無視していることをせめ、政局の落着をほぼ匂わした上で(つまり薩長連合、大隈追い出し、払い下げ取り消しなど)、もし彼の本心が今までとちがわぬ漸進主義的立憲主義であったなら、もとの味方にもどってもよいのではないかと、人情にからんで巧く説いたものであろう。伊藤も源一郎も、道楽者で、女を口説くことの名人であるから、その辺のやりとりは、自然に多言を要せず、打てばひびくようなものがあったことと思う。

そこで人情にもろい源一郎は、今の仲間の民間志士を離れて、再び伊藤・井上などと行動をともにすることを承諾した。しかしその承諾はただでなく、それには何かはっきりした約束があったと思う。源一郎の面目を立てるとか、源一郎の利益になるとか、何らかの約束があったように想像される。これは、両者の関係を考えれば、そうあるのが自然である。

国会開設の詔の解説記事を掲げる

かくて源一郎の方では、万事心得て待っていると、果して筋書通り事が運んで、十月十二日の大詔降下となった。そこで、源一郎は表立って伊藤を訪い、この大詔の御趣旨について説明をもとめ、それをわが新聞に掲げた。と同時に、この大詔の御趣旨はまことにもっともであり、臣子としての喜び、これに過ぎないから、自分はこれからこの御趣旨に従って、政府諸公の味方となると宣言した。

『懐往事談』の記するところによれば、源一郎が伊藤に大詔の説明を求めたとき、説明が終ると、伊藤は源一郎に向って、この大詔の御趣旨に満足したかどうかと聞いたという。そのとき源一郎は答えていうには、自分の持論からいえば、二十三年国会開設はやや遅い感があり、自分は二十年でよいと思う、また憲法も国約（憲法会議を設けての）がよいと思うが、しかしこの二条とも天皇のお考えから出たとあっては、これに服従するに何の異存がないといったところ、伊藤は、それなら君もわれらと全く同論だといった。

二十三年国会開設はやや遅い

このときの源一郎の答えは、ただ一読したのみではいかにも、いわゆるお上への追従のように受けとれるが、しかし恐らくこれは本音で、心にもない空言をいったものではなかろう。明治維新から十四年しかたっていないこのときと今とでは、よほど感じ方に大きな差がある。源一郎は、立憲政治の方向さえはっきり定まった以上、大詔の内容と自分の持論の多少の懸隔のあるのは無視して、ここは一つ聖天子および内閣諸公の味方として二十三年まで国民啓発に尽力しようと、本当にそう考えたものと見たい。

政府に協力

しかし源一郎はそう感じたとして、今ここで再び内閣の味方となることに志をきめたとなると、昨日の演説仲間の連中には何というべきか。それらの民権志士は、彼をもって自分たちを売ったものと感じ、前々よりも彼を悪い男だと思ったとしても、それは当然である。また民衆も、さては自分たちの味方であったかと思って、喝采を送ったのに、またも豹変して政府についたとなると、その早業に大いに驚くとともに、先日の大演説なども、みな芝居掛りの所作《しょさ》であったのかと独断して、源一郎の言行を皆ウソの固まりのように考えたであろうことも想像に難くない。それで、源一郎が再び政府の味方という態度をはっきりさせるとともに、彼の人気がまたもやガタ落ちに落ち、新聞の売行きにもすぐそれがひびいた。

福地の人気落ちる

源一郎の立場が是々非々であり、時々政府に対して手痛いこともいうからこそ、それを読んでも面白く、また読む必要もあったのであるが、もう政府の味方とはっきりしていれば、一々読む必要はない。それは、一般民衆がそう思うのみでなく、本来この新聞の愛読者であるべき筈の官吏でさえも、そう思う。この点だけは、いかに源一郎がムキになって努力しても、引廻させ得ないところであった。

かくして、折角の転廻点は、彼にとって順に廻らずに、逆に廻ることになり、明治十四年の上半をピークとして、彼は歴史的に永久に不利な評価を与えられることになる。そうしてそのもとはといえば、彼の人情もろさという人柄にあったのであるから、いわば自業自得《じごうじとく》ともいうべきであろう。あるいは彼の宿命といってもよかったかとも思う。彼は、必要な場合毅然としておのれを持するということが当然ということを十分知っていながら、そう実行出来かねたものである。本人の源一郎は、その自業自得たるを心に知って、その宿命に甘んじていたかも知れないが、しかし彼の才識を比較的高く買っているわれら第三者からいうと、いかにも気の毒なことであったと、同情の念に堪えない。

(九)「東京日日新聞」の改組

源一郎は、大詔拝読の結果、こうして天皇および内閣諸公の苦心・憂慮のあるところを本気に認めて、自己を犠牲として味方となったわけであるが、しかしそのころの志士なり新聞なりの一般が、もちろん源一郎のように動いたわけではない。むしろ源一郎とは反対の方に、すなわち大詔の御趣旨とか内閣とかに反対の方に動いたものの方がずっと多かった。源一郎の味方となったのは、「明治日報」「東洋新報」(もとの「曙新聞」)、大阪の「大東日報」などだけで、あとは天下の有名新聞が殆んど悉くその反対となった。そうして、その主義上、隠然とまた顕然と内閣を敵視して急進論と民主説を主張し、曰く、憲法は国定憲法たるべく、民約憲法たるべし、曰く、二十三年国会開設は遅すぎるので、もっと急にしなくてはならぬ、曰く、国会を開設すれば、主権は国会と君主の間にあり、曰く、国会は万能で制限のない大権の根源であるから、君主の権もこの根源から分流するものと見てよし云々、などという議論を唱えて、つまりは形式は帝政であって実質は民主制であるのが立憲君主制の本色である、というのを押しなべての輿論とした。

源一郎も、前々そういう政治理想をもっていたことは、上にのべておいたが、しかし現実を見、経験をつむに及んで、それは畢竟《ひっきょう》理想であって、日本ではそのまま実現出来ないもの、日本ではつまるところ急進よりも漸進、民主よりも君主、さらに極端にいえば、暴進をとるよりもむしろ保守によるべしと覚悟するに至った。しかるに今や大詔の渙発があり、立憲政治が確約されるに至って、天下の輿《よ》論《ろん》が過半急進・民主に向うことになったのを見て、源一郎は、日本の将来のために悚然《しょうぜん》として心配したという。なぜかというと、国会開設の二十三年までこの勢いで進むと、国民の思想は非常に激烈な民主主義に化され、肝腎の二十三年になると、もう立憲君主政治の本色と相容れない衝突を見ることになるにちがいないからである。その禍をさけようとせば、今から直ちに、これに反撃を加えて、これを矯《た》め直す努力をしなくてはならぬ。しかるに天下にその努力をするものがない、いやその志があっても、その力をもったものがない。それのあるのは、わが「東京日日新聞」一つである。よし、しからば、この「東京日日新聞」をあげて、急進・民主の輿論の行きすぎを矯め直すことに当ろう。源一郎はそう考えた。彼はそう考え、そう決心するとともに、直ちに「東京日日」の改組に着手し、その旧株主を説いて新株主と交代させ、新聞の全権をわが手に握ることにした。その主義を実行するには、新聞をもってわが主義に殉じさせる必要もあろう。そうなると、今までのように営利の態度で新聞経営をやってはいられない。主義第一の新聞にしなくてはならない。それで、「東京日日」の改組を断行したのであった。想像するに、旧株主はもともと営利第一の考えでやってきたのであるから、いま源一郎が内閣と道連れになって政治一方につき進んでいくのを危ながった人々がいな

「東京日日」の全権を握る

くもなかったのかとも思う。源一郎は、ともかく『懐往事談』の中でその心事をこう語っている。このとき、新たに株主となった人々は、源一郎のほか、西村虎四郎・蜂須賀茂韶《もちあき》・渋沢栄一が各一万円、毛利元徳《もとのり》・柏村信（甲州財閥）・益田孝・建野郷三（大阪府知事）が五千円ずつ、原善三郎（横浜）が四千円、条野伝平・西田伝助が二千五百円、関直彦が一千五百円、根本茂樹・樋口登久次郎が千円ずつとなっている。合せて十四人、七万五千円である。こうして十二月十六日、「東京日日」の社告で、旧支配役条野・勘定役西田・検査役落合・同広岡・取締役根本の諸人を社長源一郎の名で解任し、支配役条野・勘定役西田・取締役根本の三人の再任を発表しているというから、このときには、改組がもう済んだわけであろう。

改組についての世評

さてこの改組について、当時から世評がいろいろあり、源一郎は薩長藩閥から十万円をもらって、新たにお味方新聞となったという風説がつよく流れていたものである。それは、いたずらものが、彼の新聞社を訪うて、これを福地君にといってさし出した折の中味に、お萩と焼芋が十箇入っていたという話にもよく表わされている。改組に要した金は七万五千円、あとの二万五千円がまるまる彼の懐中に入ったと見られるのも、平生金づかいの荒かった彼のことであるから、無理がないところであろうが、源一郎自身はしかし『懐往事談』その他で、この十万円云々を打ち消している。源一郎は金づかいが荒かったことは荒かったけれども、案外だらしがなくはなく、また金銭については正直でも淡泊でもあったから、どうもこの十万円云々というのも、単なる世評で、新株主の株が七万五千円ほどになるところがその風説のもとであったろう。恐らく源一郎のいうところが本当であると見たい。薩長から十万円といっても、薩長の誰が出したか、伊藤・井上・黒田、いずれもそれほどの金持ちではなかったし、さればといって利権をやって冥加金を収めた形跡もない。口では十万といっても、今の十万とはまるきりちがう。今の十万なら、私の筆一本でも何とか都合のつく十万であるが、そのころは一万あれば、中人一家が生涯暮せるといった大した金額である。そこで私は一応源一郎のいうところを信じて、直接十万円の現金をもらったというのは、単なる世評なり風説なりにすぎなかったと見たい。

妙なからくり

それではまるきり何も貰わなかったのか。どうも、私には、そこに妙なからくりがあったような気がする。十万円の現金をもらった云々は、なるほど源一郎のいう通りウソであろう。しかしもしそれを彼が直接もらったものでなく、間接に周旋してもらったものとせば、この世評もまるきりウソといえなくなろう。旧株主から株を買上げるには、新株主の納めた金をもってした。それはよい、しかしその新株主に口をきいて金を出させたものが誰かとなると、どうもこれは薩長の元老ということになるのではないか。いま新株主の顔触れを見ると、源一郎の旧友も大分いるが、どう考えても大した関係のないような人々もいる。毛利元徳（旧山口藩主）だの、蜂須賀茂韶（旧徳島藩主）だの、建野郷三だのというのがそれである。この人々は、源一郎に直接説かれて金を出すよりも、誰か内閣にいる薩長の有力者に説かれて金を出したというのではなかったろうか。そう見ると、これは間接ながら何万かをもらったことにならないとはいえない。殊にその株価は、前にいった通り、営利無視の捨て金のようなものであったから、言葉を換えていうと、源一郎にただで呉れたようなものであったから、ますますそういうことになろう。そう見てくると、世評の十万円云々も、まんざら根も葉もない風説というだけにとどまらなかったということがわかるのである。私が殊に面白いと思うところは、新株主の出金額がよくわかっているが、旧株主から買収した株価がよくわからないことである。そこで、これはどうなるか。同価で入れ代えたとすれば、もともとであるが、「東京日日」創業のとき、またはそのあとで増資をしたとしても、とても七万五千円とはならなかったであろうから、旧株価の買収費は、新株価の納入金よりも相当安かったものと見てよい。そうすると、この相当な差額金は

「東京日日」に入ったわけであるが、今や新組織で「東京日日」すなわち源一郎社長となったわけであるから、つまりはこの差額金は源一郎の懐中に入ったも同じことになろう。妙なからくりがあったのではないかというのは、そこのところである。源一郎は正直な人物であり、ウソと知ってウソはいわぬが、しかし世間の眼を欺く策略となれば、はなはだしく良心にそむかぬ限り、平気でそれを用いたであろう。ましてこの場合、目的は手段を弁解するというところで、結局はその新聞をしっかりさせ、日本の将来のために急進・暴進の民主論と闘って、堅実な立憲政治を立てようという理想のためであるから(源一郎からいえば)、この程度の策略なら用いてもよいと考えていたかと思う。ちとややこしいが、これが世評の十万円云々に対する私の解釈である。

源一郎はこうして「東京日日」の改組をやり、同時に新株主の決議として、「凡そ日日新聞は実著なる漸進主義を維持し、世論の風潮を顧みずして往進すべし。其利益の増減多少は決して問う所に非ず」」という趣旨を公けにし、新聞の立場は全く彼に一任されることになった。

（十）空前の大文章

ここでちょっと挿話的な一章を入れよう。

越えて明治十五年一月には、帝国軍隊に対する詔勅が下されたが、これは、周知の如く、内容的には帝国軍人の軍人精神のあり方を規定したものであり、いわば軍人憲法ともいうべく、新兵入営以来の軍人教育がこれを規準として施された。また形式面からいうと、この種の詔勅文としては、殆んど空前といってもよい、和文体と時文体を調和させた大文章であって、その文学的な力によって、上にいうような内容を何十年も十分に支持することが出来たのである。

この詔勅が異色の大文章であっただけ、筆者の誰かが早くから彼是と取り沙汰されたが、内容的には顧問として意見をのべた人々はいろいろいたろうけれども、こうした大文章にまとめたのは、やはり福地源一郎であるというのが、まず明治時代の定論となっていた。西郷戦争のとき、源一郎の文章の才能に感心した山県が、再び彼を起《たた》せて書かせたものということであった。それでこれは、天皇の御裁可のもとにこれを全軍隊に下した陸軍卿山県有朋が、かつて「あれは福地が書いた」と明言したところから出たものということで、誰しも疑うものがなかったのである。しかるに大正時代になって、明治の歴史、明治の文化・文学のことが種々研究されるにつれ、山県や陸軍にも関係の近い西周《あまね》の家にも、これの下稿と見えるものが出てきて、さては源一郎よりも西周が書いたとした方がよいのではないかという議論にもなった。そうしていずれとも決定しないまま、今日に及んでいるが、山県の明言が打ち消されない限り、源一郎起草説をまるきり搔き消してしまうことも無理であろう。またこれを一篇の文章として見るとき、その文気・文脈ともに、どうも西よりも源一郎の文章に似たところが多い。ともあれ、これが源一郎の筆になったものとせば、私はこれこそ源一郎の生涯を賭したともいえる歴史的大文章であるといえると思う。これは、私どもの若いころは、よく知られた文章で、いろいろな書物ですぐ見られたものであるが、今はそれも出来なくなったろうから、手もとの書物（『歴代詔勅評釈』）から抜抄して、ここに掲げておく（西が原案を立て福地が執筆をしたという分担説もあることはある）。

歴史的大文章

前文

我国ノ軍隊ハ世々天皇ノ統率シ給フ所ニゾアル。昔神武天皇躬《ミ》ヅカラ大伴《オホトモ》・物部《モノノベ》ノ兵《ツハモノ》ドモヲ率ヰ中国《ナカツクニ》ノマツロハヌモノドモヲ討チ平ラゲ給ヒ、高御座《タカミクラ》ニ即《ツ》カセラレテ天下《アメノシタ》シロシメシ給ヒシヨリ二千五百有余年ヲ経ヌ。此間世ノ様ノ移リ換ルニ随ヒテ兵制ノ沿革モ亦屢《シバシバ》ナリキ。古《イニシヘ》ハ天皇躬ヅカラ軍隊ヲ率ヰ給フ御制《オンオキテ》ニテ、時アリテハ皇后・皇太子ノ代ラセ給フコトモアリツレド、大凡《オホヨソ》兵権ヲ臣下ニ委ネ給フコトハナカリキ。中世《ナカツヨ》ニ至リテ文武ノ制度皆唐国風《カラクニブリ》ニ倣《ナラ》ハセ給ヒ、六衛府ヲ置キ、左右馬寮《メリヨウ》ヲ建テ、防《サキ》人《モリ》ナドヲ設ケラレシカバ、兵制ハ整ヒタレドモ、打続ケル昇平ニ狎《ナ》レテ朝廷ノ政務モ漸《ヨウヤク》文弱ニ流レケレバ、兵農オノヅカラ二ニ分レ、古ノ徴兵ハイツトナク壮兵ノ姿ニ変リ、遂ニ武士トナリ、兵馬ノ権ハ一向《ヒタスラ》ニ其武士ドモノ棟梁タル者ニ帰シ、世ノ乱《ミダレ》ト共ニ政治ノ大権モ亦其手ニ落チ、凡七百年ノ間武家ノ政治トハナリヌ。世ノ様ノ移リ換リテ斯《カク》ナレルハ人力《ヒトノチカラ》モテ挽回《ヒキカヘ》スベキニアラズトハイヒナガラ、且ハ我国体ニ戻リ、且ハ我祖宗ノ御制ニ背キ奉リ、浅間シキ次第ナリキ。降リテ弘化嘉永ノ頃ヨリ徳川ノ幕府其政衰ヘ、剰《アマツサヘ》外国ノ事ドモ起リテ其侮《アナドリ》ヲモ受ケヌベキ勢ニ迫リケレバ、朕ガ皇祖《オウジノミコト》仁孝天皇、皇考《チチノミコト》孝明天皇イタク宸襟ヲ悩シ給ヒシコソ忝《カタジケナ》クモ又惶《カシコ》ケレ。然ルニ朕幼《イトケナ》クシテ天津《アマツ》日《ヒ》嗣《ツギ》ヲ受ケシ初、征夷大将軍其政権ヲ返上シ、大名小名其版籍ヲ奉還シ、年ヲ経ズシテ海内一統ノ世トナリ、古《イニシヘ》ノ制度ニ復シヌ。是文武ノ忠臣良弼アリテ朕ヲ輔翼セル功績《イサホ》ナリ、歴世祖宗ノ専《モハラ》蒼生ヲ憐ミ給ヒシ余沢ナリトイヘドモ、併《シカシナガラ》我臣民ノ其心ニ順逆ノ理ヲ弁《ワキマ》ヘ、大義ノ重キヲ知レルガ故ニコソアレ。サレバ此時ニ於テ兵制ヲ更《アラタ》メ、我国ノ光ヲ耀《カガヤカ》サント思ヒ、此十五年ガ程ニ陸海軍ノ制ヲバ今ノ様ニ建定メヌ。夫《ソレ》兵馬ノ大権ハ朕ガ統《ス》ブル所ナレバ、其司々《ツカサヅカサ》ヲコソ臣下ニハ任スナレ、其大《タイ》綱《ユウ》ハ朕親《ミヅカラ》之ヲ攬《ト》リ肯《アヘ》テ臣下ニ委《ユダ》ヌベキモノニアラズ。子々孫々ニ至ルマデ篤ク斯旨ヲ伝へ、天子ハ文武ノ大権ヲ掌握スルノ義ヲ存シテ再《フタタビ》中世以降ノ如キ失体ナカランコトヲ望ムナリ。朕ハ汝等軍人ノ大元帥ナルゾ。サレバ朕ハ汝等ヲ股肱《ココウ》ト頼ミ、汝等ハ朕ヲ頭首ト仰ギテゾ、其親《シタシミ》ハ殊ニ深カルベキ。朕ガ国家ヲ保護《ホウゴ》シテ上天《ショウテン》ノ恵ニ応ジ祖宗ノ恩ニ報イマヰラスルヲ得ルモ得ザルモ、汝等軍人ガ其職ヲ尽スト尽サザルトニ由ルゾカシ。我国ノ稜威《ミイツ》振ハザルコトアラバ、汝等能ク朕ト其憂《ウレヒ》ヲ共ニセヨ。我武維《コレ》揚リテ其栄ヲ耀《カガヤカ》サバ、朕汝等ト其誉《ホマレ》ヲ偕《トモ》ニスベシ。汝等皆其職ヲ守リ、朕ト一心《ヒトツココロ》ニナリテ力ヲ国家ノ保護ニ尽サバ、我国ノ蒼生《ソウセイ》ハ永ク太平ノ福《サイワヒ》ヲ受ケ、我国ノ威烈ハ大ニ世界ノ光華トモナリヌベシ。朕斯《カク》モ深ク汝等軍人ニ望ムナレバ、猶訓諭《オシヘサト》スベキ事コソアレ。イデヤ之ヲ左ニ述ベム。

五カ条

忠節

一《ヒトツ》、軍人ハ忠節ヲ尽スヲ本分トスベシ。凡《オヨソ》生ヲ我国ニ稟《ウ》クルモノ誰カハ国ニ報ユルノ心ナカルベキ。況《マ》シテ軍人タラン者ハ此心ノ固カラデハ物ノ用ニ立チ得ベシトモ思ハレズ。軍人ニシテ報国ノ心堅固ナラザルハ如何程技芸ニ熟シ学術ニ長ズルモ猶偶《ナホグウ》

政治に拘らず

礼義

服従

人《ジン》ニヒトシカルベシ。其隊伍モ整ヒ節制モ正クトモ、忠節ヲ存セザル軍隊ハ事ニ臨ミテ烏合《ウガウ》ノ衆ニ同ジカルベシ。抑《ソモソモ》国家ヲ保護シ国権ヲ維持スルハ兵力ニ在レバ、兵力ノ消長ハ是国運ノ盛衰ナルコトヲ弁《ワキマ》ヘ、世論ニ惑ハズ政治ニ拘ラズ、只々一途《イチヅ》ニ己《オノ》ガ本分ノ忠節ヲ守リ、義ハ山嶽ヨリモ重ク死ハ鴻毛《コウモウ》ヨリモ軽シト覚悟セヨ。其操《ミサホ》ヲ破リ不覚ヲ取リ汚名ヲ受クルナカレ。

一、軍人ハ礼義ヲ正シクスベシ。凡軍人ニハ上元帥ヨリ下一卒ニ至ルマデ其間ニ官職ノ階級アリテ統属スルノミナラズ、同列同級トテモ停年ニ新旧アレバ新任ノモノハ旧任ノモノニ服従スベキモノゾ。下級ノモノハ、上官ノ命ヲ承《ウ》クルコト実ハ直ニ朕ガ命ヲ承《ウケタマハ》ル議ナリト心得ヨ。己《オノ》ガ隷属スル所ニアラズトモ、上級ノ者ハ勿論停年ノ己ヨリ旧キ者ニ対シテハ総テ敬礼ヲ尽スベシ。又上級ノ者ハ下級ノ者ニ向ヒ聊《イササカ》モ軽侮《ケイブ》驕傲《ケウガウ》ノ振舞アルベカラズ。公務ノ為ニ威厳ヲ主トスル時ハ格別ナレドモ、其外ハ務メテ懇《ネンゴロ》ニ取扱ヒ、慈愛ヲ専一ト心掛ケ、上下一致シテ王事ニ勤労セヨ。若《モシ》軍人タルモノニシテ礼義ヲ紊《ミダ》リ上ヲ敬《ウヤマ》ハズ下ヲ恵マズシテ一致ノ和諧《ワカイ》ヲ失ヒタランニハ、啻《タダ》ニ軍隊ノ蠹毒《トドク》タルノミカハ、国家ノ為ニモユルシガタキ罪人ナルベシ。

武勇

一、軍人ハ武勇ヲ尚《タット》ブベシ。夫《ソレ》武勇ハ我国ニテハ古ヨリイトモ貴ベル所ナレバ、我国ノ臣民タランモノハ武勇ナクテハ叶フマジ。況《マ》シテ軍人ハ戦ニ臨ミ敵ニ当ルノ職ナレバ、片時モ武勇ヲ忘レテヨカルベキカ。サハアレ武勇ニハ大勇アリ小勇アリテ同《オナジ》カラズ。血気ニハヤリ粗暴ノ振舞ナドセンハ武勇トハ謂《イ》ヒ難シ。軍人タランモノハ常ニ能ク義理ヲ弁《ワキマ》ヘ能ク胆力ヲ練リ、思慮ヲ殫《ツ》クシテ事ヲ謀ルベシ。小敵タリトモ侮ラズ大敵タリトモ懼《オソ》レズ、己ガ武職ヲ尽サンコソ誠ノ大勇ニハアレ。サレバ武勇ヲ尚ブモノノ、常々人ニ接《マジハ》ルニハ温和ヲ第一トシ、諸人ノ愛敬ヲ得ムト心掛ヨ。由ナキ勇ヲ好ミテ猛威ヲ振ヒタラバ、果《ハテ》ハ世人《ヨノヒト》忌嫌《イミキラ》ヒテ豺狼《サイラウ》ナドノ如ク思ヒナム。心スベキコトニコソ。

信義

一、軍人ハ信義ヲ重ンズベシ。凡信義ヲ守ルコト常ノ道ニハアレド、ワキテ軍人ハ信義ナクテハ一日モ隊伍ノ中ニ交《マジハ》リテアランコト難カルベシ。信トハ己ガ言ヲ践行《フミオコナ》ヒ義トハ己ガ分ヲ尽スヲ云フナリ。サレバ信義ヲ尽サント思ハヾ始ヨリ其事ノ成シ得ベキカ得ベカラザルカヲ審《ツマビラカ》ニ思考スベシ。朧気《オボロゲ》ナルコトヲ仮初《カリソメ》ニ諾《ウベナ》ヒテヨシナキ関係ヲ結ビ、後ニ至リテ信義ヲ立テントスレバ、進退谷《キハマ》リテ身ノ措キ所ニ苦ムコトアリ。悔ユトモ其詮《セン》ナシ。始ニ能々事ノ順逆ヲ弁ヘ理非ヲ考ヘ、其言ハ所詮践ムベカラズト知リ、其義ハトテモ守ルベカラズト悟リナバ、速ニ止ルコソヨケレ。古ヨリ或ハ小節ノ信義ヲ立テントテ大綱ノ順逆ヲ誤リ、或ハ公道ノ理非ニ践迷《フミ》ヒテ、私情ノ信義ヲ守リ、アタラ英雄豪傑ドモガ禍《ワザハヒ》ニ遭ヒ身ヲ滅シ、屍《カバネ》ノ上ノ汚名ヲ後世《ノチノヨ》マデ遺《ノコ》セルコト其例尠《タメシスクナ》カラヌモノヲ。深ク警《イマシ》メデヤハアルベキ。

質素

一、軍人ハ質素ヲ旨トスベシ。凡質素ヲ旨トセザレバ文弱ニ流レ軽薄ニ趨《ハシ》リ、驕奢《ケウシヤ》華美ノ風ヲ好ミ、遂ニハ貪汚《タンオ》ニ陥リテ志モ無下《ムゲ》ニ賤クナリ、節操モ武勇モ其甲斐ナク世人ニ爪ハジキセラル、迄ニ至リヌベシ。其身生涯ノ不幸ナリト云フモ、中々愚《オロカ》ナリ。此風一タビ軍人ノ間ニ起リテハ、彼ノ伝染病ノ如ク蔓延シ、士風モ頓《トミ》ニ衰ヘヌベキコト明ナリ。朕深ク之ヲ懼《オソ》レテ曩《サキ》ニ免黜《メンチユツ》条例ヲ施行シ、略《ホボ》此事ヲ誡《イマシ》メ置キツレド、猶モ其悪習ノ出《イデ》ンコトヲ憂ヒテ心安カラネバ、故《コトサラ》ニ之ヲ訓《オシ》ユルゾカシ。汝等軍

後文

天地の公道人倫の常経

人ユメ此訓誡《オシヘ》ヲ等閑《ナホザリ》ナ思ヒソ。

右ノ五ヶ条ハ軍人タランモノ暫《シバシ》モ忽《ユルガセ》ニスベカラズ。サテ之ヲ行ハンニハ一ノ誠心《マゴコロ》コソ大切ナレ。抑此五ヶ条ハ我軍人ノ精神ニシテ一ノ誠心ハ又五ヶ条ノ精神ナリ。心誠ナラザレバ如何ナル嘉言モ善行モ皆ウハベノ装飾《カザリ》ニテ何ノ用ニカハ立ツベキ。心ダニ誠アレバ何事モ成ルモノゾカシ。況《マ》シテヤ此五ヶ条ハ天地ノ公道人倫ノ常経《ジョウケイ》ナリ。行ヒ易ク守リ易シ。汝等軍人能ク、朕ガ訓《オシヘ》ニ遵《シタガ》ヒテ此道ヲ守リ行ヒ国ニ報ユルノ務ヲ尽サバ、日本国ノ蒼生挙《コゾ》リテ之ヲ悦ビナン。朕一人ノ懌《ヨロコビ》ノミナランヤ。

歴史を離れ、これを一の詔勅としてよめば、堂々たる大文章であり、また内容からいっても、軍人にとって必須《ひっす》の五徳を諭示したもので、これ以上別にいうところがない。もし源一郎が一手でこれを書いたとすれば、その文章的手腕を存分発揮したものというべきであろう。しかし源一郎が書いたとか書かぬとかいう問題はしばらく別とし、ただ一の詔勅としてのみよまず、時事・時勢に即していえば、すなわち歴史についていえば、このときはちょうど明治十四年政変のすぐあとで、民権勃興熱の全盛期であり、それだけ、この詔勅は前年に出た二十三年国会確約の立憲詔勅と両々相対してよむべきものであると思う。立憲詔勅の方は、国民の熱意に動かされ、その参政の権利をある点認めたものであり、つまり上から国民に政治の自由を約束したものであって、国民将来の自由活動を許している。その反対に、この詔勅の方は、同じ国民に、軍人としての一面があることを強調し、軍人としての国民は絶対に上者に服従すべき身分のものであることを訓《おし》えさとしたものである。これは、この点自由の許さるべきでないことを述べてある。

二つの詔勅の意味

一方で放してその心を慰撫《いぶ》するとともに、一方でグッと抑えたもので、この二つの詔勅を併せてよむと、実に日本国民全体の将来に対して一縦《しょう》一擒《きん》の妙をつくしたもので、そう考えてくると、この「軍人勅諭」は、歴史を離れた大文字としてみるより、歴史に即した方がよほど意義の深い、面白いものになろう。従来は勿論、今日でも大体はそうであろうが、政治家としての山県は、伊藤・井上・大隈などに一段と劣った人物とされているらしいが、もしこの「軍人勅諭」の根本が山県の頭の中から生れたものとすれば、実はこの山県というものは、政治家としても大したところがあったということになろう。彼自身、立憲政体については賛成で、早く明治十二年ごろ賛成の奏議か上書かを出しているが、今や民権熱の当るべからざる勢いを逞《たく》ましくしつつあるとき、その民権熱には直接関係するところなきかの如き態度で、別の角度から「軍人勅諭」なるものを下し、その民権熱の一半をグッと抑えた。そうして表面は、あくまでも自分は軍人であり、軍人は政治に深く干与《かんよ》すべきではないという様子を見せて、依然政治の直接面は伊藤・井上、さては大隈・板垣に任せておいて、そうして、自分は搦手《からめて》から軍人という要《かなめ》をしっかり抑えて、国民に自由は許しても放縦《ほうしょう》は許さないという限度をつけた。これは、恐らく明治天皇が直々《じきじき》山県に、こうせいといわれたのではあるまい。やはり山県から申上げて、「軍人勅諭」という運びになったものであろう。そこのところのいきさつは、極めて面白いのである。

このころは、事実上、民権熱が軍人社会にも入り、下級軍人中には民間志士と交際したり、行事をともにしたりするものがあった。また上級将官中にも民権熱を是認して、軍の命令でも理に合わぬと見れば、なかなかきかぬ人々が出た。このときに当って、「軍人勅諭」といったものを出して、国民自由の許容限度を軍人精神ではっきりさせておかぬと、日本国民・日本国家の将来が混沌《こんとん》と崩れるおそれがありはせぬかというのが山県の心配であったのであろう。これは、源一郎もほぼ同論であったと見えて、「東京日日」には「軍人政治ニ関スル路ヲ開クベカラズ」(十五年二月六日)などの文章が見られる。これらも、この詔勅と参照してよむべきであろう。

(十一) 主権弁妄

勅諭の起草は、源一郎がやったとせば、これはその方面で、また別の意味で政治の方面でも大きな手柄とはなろうが（政府からいって）、しかしあくまで表面に出ないことであるから、まず源一郎生涯の一挿話としておくがよい。そこで、勅諭の件は以上でよいとし、再び彼の伝記の筆をつづけよう。

さて「東京日日」の改組も終り、新株主も同志となったので、始めてこの新聞が完全に社長源一郎のものとなった。そこで源一郎は、意のままに政府の味方として筆が揮えることになったので、彼は意気を新たにしてこれに当った。彼の論じたものは、ひとり政治論にとどまらず、経済論（硬貨本位の論）・日本銀行論・日本文化論、その他いろいろあったが、その中心は何といっても政治で、政治の中でも主権論がもっとも力を入れたものであった。

最初源一郎は、「東京日日」を改組した以上、そうしてこれから以後さらに一歩も二歩も進めて将来政府と同一主義・同一歩調をとる以上は、内閣のための機関となるのが当然であり、従って公然たる官報となるべきであると考えて、政府に対してその件を度々もち出した。あるいは、私《ひそか》に思うに、前日伊藤・井上と源一郎と再び情意投合が成り立った際、これが一つの約束であったのではなかったか。しかし、いざとなると、それがそう簡単にはいかなかった。内閣には源一郎を好む人物ばかりというのではない。それで、「東京日日」を内閣と同一の方向におくということは固《もと》より望むところではあったが、直ちにこれを官報とし、内閣の機関とし、源一郎を内閣の機事・秘事にふれさせるということは、なかなかむずかしい事情があったと見え、実現しなかった。しかるに源一郎の方では、もともと内閣機関の官報となるつもりでいたものであったから（その上前のような約束もいつかは実行されるにちがいないという独り合点から）、内閣の方から何の指示もないのに、「東京日日」をもって実際の官報らしく振舞ったので、外部では「東京日日」の所説・所論が内閣の意見のように認められ、結局は内閣も源一郎もお互いに再び迷惑をすることになった。

さて、問題の主権論であるが、これは十五年の一月以後、自由・改進派の諸新聞を相手にしてやった大論争で、源一郎の漸進主義主張の前後にわたり、もっとも苦戦を極めたものであった。

源一郎の持論によると、一国の主権は、独裁政治たると立憲政治たるとに論なく、常に君主の手にあるものというのである。そこで、このときたまたま主権問題が起ったので（「横浜毎日」その他）、この説を公けにして、世論もこれに異議がなかろうと信じていたところ、何ぞ計らん、府下の諸新聞が筆をそろえてこれを攻撃し、数日ならずして、殆んど天下皆敵といった有様となった。

源一郎は、これまで人気《にんき》のない漸進論を固持してきたのであるから、論敵に囲まれて孤城を守るといった立場になったことが度々あったから、いつもなら、こうしたことになっても大して意に介さず、論難・弁駁に敵が多ければ多いほど鋭気が加わるというほどの自負《じふ》はあったのであるが、この主権論の敵の多かったのには、実に愕然《がくぜん》とした。それというのも、この種の問題については、わが日本では決して異議の起るべき道理がないと深く信じていたのに、事全く予期に反したのが、頗る意外と思われたからであった。

反対論の主なもの

今その反対論の主なものをあげると、曰く、立憲国の主権は議院にあり、曰く、主権は君主と議院の間にあり、曰く、主権は万能で制限を受けるものではない、曰く、君主は主権の一部を分有するに止まる、という風で、その言うところは、各々見るところを異にしてはいたが、要するに主権在君説は独裁である、立憲政治のことではないという一点に至っては全く同じであって、それを根拠として交《こも》々《ごも》源一郎の主張を論駁し粉砕《ふんさい》しようという勢いにまで立ち至った。しかし源一郎は、主権在君説については、初めから深く心中信ずるところがあり、これでないとわが日本帝国の安全を不朽に謀るに足らぬと思い込んでいたから、その反対の

外国の政治学書を漁る

勢いを恐れず、巍然《ぎぜん》として論難の衝《しょう》に当ったわけであるが、さて外国の政治学者はどういっているであろうかと、いろいろな書物を開いてみてわが説の応援を求めたところ、残念千万にも、源一郎が平素心服してきたイギリス・アメリカの諸大家の説は、大抵この源一郎の主権在君説とはちがうもので、却って反対の論旨が多かった。そこで折角燭をもって晷《ひ》につぐという努力で探しもとめた書物は、全然彼の味方とならず、空しく敵方の兵器・弾薬となったかの観があった。源一郎もこれには頗る落胆し、色を失うまでになった。外には勁敵《けいてき》相合してしきりに迫ってくる、内では軍師・参謀となるものが皆彼に背いて、敵に通じている。このままでは、兜《かぶと》を脱して論敵の陣門に降参するか、但しは弾尽き刀折れるまで戦って戦死するか、二者その一を撰《えら》ぶほかはない。もしこのとき源一郎がドイツ語・ドイツ文をよむことが出来たなら、彼《か》の国の大家の議論中に自分と同じ趣旨の名論も見出すことが出来て、敵を論倒する材料にも出来たろうが、今となっては詮方《せんかた》がない。それで知己の諸氏に頼んで、ドイツ大家の所説は、主権論についてどんなことをいっているであろうかと質問したが、これまた誰一人として明瞭な説明をしてくれる人がなかった。そこで源一郎は、わずかに部下の関直彦（文学士、今なら法学士）、その先輩渡辺安積《あさか》（同じく文学士）の二人を味方とし、零細の材料をイギリス・アメリカの書物中から蒐集《しゅうしゅう》して、専ら防戦の武器としたようなわけであったから、今日からいえば、彼の主権論の論拠が、その当初において可成り薄弱の感のあったのは、怪むに足りないところであった（彼は『懐往事談』の中で、自分でこういっている）。

このときに当って、彼の学友ともいうべき連中も、往々彼を目《もく》するに執拗《しつよう》をもってし、あるいは彼に説くに誤説・謬論《びゅうろん》を悔悟すべしと勧めるもの、あるいは知己の中には彼が謬見に固着するというので強く諫めるものなど、いろいろあったが（それはけだし主権論の飛沫《ひまつ》から藩閥政府擁護にも及んだりしたことがいろいろあったので）、源一郎は、あくまでも心中に信ずるところがあったので、たといこのためには「東京日日新聞」の愛読者が一人もなくなって、いざ廃刊ということになるまでも、自分の筆と舌のあらん限り、この論、この主張をやめることが出来ないと拒絶して、益々進んで苦戦に苦戦を重ねたものであった。

苦戦に苦戦を重ねる

このときは、そういうことで苦戦を重ねたが、後になって識者連中にあって、その学説を叩《たた》いてみたところ、同じく立憲主義の政治とはいっても、君主制と議院制の二つがある。イギリスなどは議院制であるから、その主権の名は君主と議院とにあることになっていて、その実は議院が統攬《とうらん》するところとなっている。しかし議院制を行わない立憲国にあっては、主権が君主にあるのは勿論であると説き聞かされて、始めて多年の蒙を開いたことであった。すなわち十五年の主権弁《べん》妄《もう》論のときには、彼の論敵がすべて議院制を主張したのに、彼は君主制の維持を主張したわけであるが、今この識者の説を得たので、その説を土台として世論に立ち向ったところ、そのときに至っては、諸新聞紙は敢て鋭い反対論も立てず、すべて黙々に附し去った。恐らく彼らにも今やその理がわかったからであろう。そこで源一郎は、『懐往事談』の中でこの論争の結果をこう自讃している。

然ば則ち其後（二十二年）我国の憲法制定せられて国家の大権は天皇陛下の統攬し玉へる所と明白に相成り、一言半句の異論の天下に聞えざるものは、是豈《これあに》余が当初の主権論が全勝を制したるの実を示せるものに非ずや。余は此主権論に関して聊《いささ》か世に面目あるを覚ゆるなり、云々《うんぬん》。

それと同時に、源一郎はこう附言することを忘れなかった。曰く、主権論の当初、政府はこうした大問題が新聞紙上に起ったのに、これを傍観して恬《てん》として顧みず、恰《あたか》も対岸の火災視し、廟堂《びょうどう》・官衙《かんが》には学者・論士雲の如く集まっていたのに、一人として彼の苦戦に力を借すものもなく、まるで冷然氷の如くであったと。よほど腹にすえかねていたものであろう。

しかし政府には政府としての立場と腹づもりというものがあった。いかに主権在君論を主張していたとはいっても、その力を集めて一の福地源一郎を助けるわけにはいかなかったのである。

（十二）　立憲帝政党の組織

自由党の出現

十四年から十五年にかけて、民権熱の全盛から急進・漸進の論となり、主権論争となり、やがて自由党の出現とともに政党時代に入った。自由党の出現は、最も早く十四年十月、立憲政体確約の詔勅の出た直後で、板垣退助を党首とした。これにすぐ続いたものは日本立憲政党で、これは関西近畿地方の自由党というべきもの、党首は中島信行であった。十五年三月に入って九州には九州改進党が起った（委員制）。これは、名は改進党というが、やはり自由党系に近いものである。

改進党の結成

更に三月十四日になって、東京に立憲改進党が起ったが、これが大隈重信を党首としたいわゆる改進党である。このほか東洋社会党などの起ったことも記憶すべきであろう。

このとき源一郎の味方は「明治日報」の丸山作楽、「東洋新報」の水野寅次郎、大阪の「大東日報」の羽田《はねだ》恭輔・西川甫《はじめ》などであったが、源一郎は主義として、すでに急進民主説を論敵として新聞で争う以上、敵が演説せば我も演説し、敵が政党を組織せば我も組織すべし、わが主義のためには一歩も譲ってはならぬという態度を堅持していたから、ここに至って、丸山・水野の二人に謀り、ついに三月十八日、東京において立憲帝政党を組織し、その党議・綱領を発表して諸方の同志に頒布した。それに曰く、

立憲帝政党を組織

立憲帝政党の党議綱領

我立憲帝政党ハ明治八年四月十四日、及明治十四年十月十二日ノ　勅諭ヲ奉戴シ、内ハ万世不易《ふえき》ノ国体ヲ保守シ、公衆ノ康福《こうふく》・権利ヲ鞏固ナラシメ、外ハ国権ヲ拡張シ、各国ニ対シテ光栄ヲ保タンコトヲ　冀《こひねが》ヒ、漸《ぜん》ニ循《したがっ》テ歩ヲ進メ、守旧ニ泥《なじ》マズ躁急《そうきゅう》ヲ争ハズ、恒ニ秩序ト進歩ノ併行《へいこう》ヲ求メ、以テ国安ヲ

保維《ほい》シ、以テ改進ヲ計画センコトヲ主題トス。依テ左ニ掲グル所ヲ以テ我党ノ綱領ト定ム。

第一章　国会開設ハ明治二十三年ヲ期スルコト　聖勅ニ明《あきらか》ナリ。我党之ヲ遵《じゅん》奉《ぽう》シ、敢テ其伸縮・遅速ヲ議セズ。

第二章　憲法ハ聖天子ノ親裁ニ出《いず》ルコト　聖勅ニ明ナリ。我党之ヲ遵奉シ、敢テ欽定《きんてい》憲法ノ則《のり》ニ違《たが》ハズ。

第三章　我皇国ノ主権ハ聖天子ノ独リ総攬シ給フ所タルコト勿論ナリ。而シテ其施用ニ至テハ憲法ノ制ニ依ル。

第四章　国会議院ハ両局ノ設立ヲ要ス。

第五章　代議人撰挙ハ其分限・資格ヲ定ムルヲ要ス。

第六章　国会議院ハ国内ニ布《し》ク法律ヲ議決スルノ権アルヲ要ス。

第七章　聖天子ハ国会議院ノ決議ヲ制可《せいか》シ、若クハ制可セザルノ大権ヲ有シ給フ。

第八章　陸海軍人ヲシテ政治ニ干渉セシメザルヲ要ス。
第九章　司法官ハ法律制度ノ整頓スルニ従テ之ヲ独立セシムルヲ要ス。
第十章　国安及秩序ニ妨害ナキ集会・言論ハ公衆ノ自由ナリ。演説・新聞・著書ハ其法律ノ範囲内ニ於テ之ヲ自由ナラシムルヲ要ス。
第十一章　理財ハ漸次ニ現今ノ紙幣ヲ変ジ交換紙幣トナスヲ要ス。

以上の如くである。そうして、この党議・綱領は、源一郎の起草にかかるということがもっぱら言われたが、恐らくそうであったと思う。

この党議・綱領には別に「衍義《えんぎ》」というものがあって、立党の精神を述べているが（これも恐らく源一郎であろう）、その大体を和《やわ》らげていうと、こうある。

わが立憲帝政党は、既に本月十八日をもって党議・綱領を公けにしたから、吾等は、あくまでこの党議の世に盛んなるよう尽力しなくてはならぬ。わが党の諸士は、この党議・綱領を議決したあと、特に内閣の大臣・参議諸氏にその写しを差出し、我党の綱領とするところは実にかくの如くであるが、かくの如くせぬと常に秩序と進歩の併行をもとめ、もって国安を維持し改進を計画することが出来ないと信ずる。今日の内閣の主義とされるところはこの綱領と異同があるかどうか、もしあるなら、その点を明示してほしいと望んだところ、内閣の諸氏は、立憲帝政党の綱領と内閣の主義とは全く同一である、内閣も固くこの主義をとって動かぬものであるという答えであった。この言葉は、現にわが党員がその席に連なって聞いたところであるから、この上なく正確としなくてはならぬ。

そこで、そういうことであれば、今日の内閣は未だあらわに政党内閣という旗幟《きし》を掲げてはいないが、すでに立憲帝政党と主義を同じくするとある以上、その実際についていえば、立憲帝政党の内閣である。これを逆にいうと、立憲帝政党こそ、今日の政局に当っている政党であるといえるのである。元来主義をもって合し、主義をもって離れ、主義が同じければこれを賛成し、主義異なればこれを排撃することが、政党本来の面目というものであるから、苟くもその離合の間に私憤・私利を挾《さしはさ》むことがなければ、その政党の動きは公明正大なものといわなければならぬ。今からして内閣の諸氏がその言葉を裏切らずに常にこの主義をとられるのであれば、たとい我党は政府を補賛することを好まないといっても、主義上からしてぜひとも補賛しなくてはならぬ。もし内閣の諸氏がその徳を二三にして、この主義に違って来る場合、たとい我党は政府の弁護をしようとしても、我党の主義に制せられてこれを弁護することが出来ない。何となれば我党をしてその論議・主張をなさしめるものは、彼の政府・内閣ではなくして我党の主義だからである。(中略)

顧れば去冬まず自由党の組織があり、今春立憲改進党の組織があったのを始めとし、各地方地方の何社・何会・何何党のような漸急《ぜんきゅう》・実華《じつか》の別のあるのに論なく、その主義・性質においては世上種々の評論があって、毀誉《きよ》が同一でない。甚しきは相互に偽党とか何とか誹謗《ひぼう》するに至る有様であるが、我党は敢てこれを信ぜず、すべてわが国のためにする政党であると信じ、すなわちわが立憲帝政党と主義を同じくするものは公友、主義を異にするものは公敵であると信じて、倶《とも》に与《とも》に世に並び立って政治の権衡《けんこう》を執り、相互に勝を輿論に制しようと欲するものである。抑《そもそ》もわが立憲帝政党が今日をもって興起するのは偶然ではない。凡そ漸進主義をとってわが国を経綸《けいりん》しようという人々は天下に多いが、まだこれを政党の形式に現わしたものがない。然るに今日に及んでは、もはや公然とこれを政党の形式に現わし、同志・同感の志士が相集って政党というものを立てなくてはならぬ勢いに立ち至ったので興起したのである。けだし今日の諸政党は皆何《いず》れも国家のため、公衆のためにするのが主義であって、必ずしも名利・私欲のためにするものではなかろうと思うが、われらは、今や内は万世不易の国体を保守し、公衆の康福・権利を鞏固ならしめ、外は国権を拡張し、各国に対して光栄を保たんことを冀《こいねが》ひ、漸《ぜん》に循《したがっ》て歩を進め、守旧に泥《なず》まず躁急《そうきゅう》を争わず、常に秩序と進歩の併行を求め、以て国安を保維し、以て改進を計画しようというには、漸進主義でないとその功を全くし、その績を致すことが出来ないと確信して、乃《すなわ》ちその漸進主義に則《のっと》るの立憲帝政党を組織し、まず、その綱領・主義を明らかにして、大いに世上に向って同志・同感の士の来ってともに鳩合《きゅうごう》あらんことを冀《き》望《ぼう》するものである、云々。

この「衍義」によっても明白である通り、この立憲帝政党は、源一郎と丸山・水野の三人の名によって世に発表されたが、実は内閣と主義を同じくし、これと連絡のあったもので、当時の内閣の岩倉右大臣、長州閥の伊藤・井上・山県などがその黒幕となっていたことは、誰しも疑うことがなかった。

「政党の区別を論ず」

十五年三月二十一日、源一郎ら三人、それから岡本武雄（旧「曙新聞」社長で当時の「日日」の幹事）及び勧農義社の藤田一郎などが新富座で第一回の演説会を開いた。源一郎の演題は、「政党の区別を論ず」というのであった。演者はともかく当時知名の士であったから、聴衆満堂という有様であったけれども、何分にも時勢に逆流し、時風に反対するというのであり、その上以上のように政府・内閣と連絡があるというわけで、大いに世人から憎まれていたから、四隅ノー、ノーの声が断えず、喧噪《けんそう》・雑踏を極めたという。

しかし源一郎らは少しも屈せず、この後岡本その他二―三の人々をして諸方に遊説させ、専ら党員募集に当らせたが、さすが政府の勢いがかかっていることとて、一時大いに賛成を得た。こうして大阪の羽田・西川の二人と東西呼応して党勢の拡張につとめ、独力、自由・改進の二党に当ったのは、なかなかの元気であ

天下三分の一をとる

った。当時の源一郎のつもりでは、天下を三分してその一をとった諸葛亮《しょかつりょう》の心組であったのではなかったか。諸葛亮は、書生時代から彼の好きな人物の一人であった。

「名実の弁」

だが元気のよいのは結構であったけれども、いささか調子に乗った感じがあり、同じ四月五日（『自由党史』上）、「東京日日」紙上の社説「名実の弁」と題した一文をのせたところ、翌日板垣の刺客《しきゃく》事件があって、大騒ぎとなり、自由党では大いに怒って日日社にねじこんで来たので、これには源一郎も閉口して、取消し謝罪をせざるを得なかった。それは、そのころの世評で、板垣は演説の際、天皇のことを

自由党を共和主義と書く

「日本の代表〇〇君」とよんだという風説があり、源一郎はそれにかこつけて暗に自由党を共和主義であるかのように書き立てたのであるが、刺客は源一郎のこの一文に刺激されて起ったという取り沙汰になったので、自由党が怒ったのである。源一郎も、これには詭弁《きべん》がきかず、事件が事件だけについにすなおに事実無

根として取消したものである。

集会条例追加

こうして政党活動の活潑な時代になったので、政府も黙っておれず、六月集会条例追加を出して、政党の取締りに当ることになった。それで自由党・改進党ともにそのおかげでいろいろと当局と摩擦をやったが、帝政党にも六月十九日召喚があったので、源一郎・丸山・水野三人の代理人井上廉之進が出頭して、警官の問いに応じ、左の答弁書を出した。

答弁書

立憲帝政党ト東京公同会ノ種別並ニ立憲帝政党ノ現状御尋ニ付左ニ答弁仕候。

一、東京公同会ノ義ハ、曩《さき》ニ御届申上候東京公同会規約ニ記載致候如ク、立憲帝政党ト主義ヲ同クスルモノノ為ニ設ケタル集会所ニ候ヘバ、苟モ主義ヲ同クスレバ、党員・会員ノ差別ナク自由ニ会合・談話致候義ニ付、立憲帝政党トハ自《おのずか》ラ別異《べつい》ノモノニ有レ之候。

一、立憲帝政党ノ義ハ未ダ党員名簿モ作リ不レ申、尤モ加入ヲ申入シモノ許多《きょた》有レ之候ヘ共、未ダ許容不レ致ニ付、現今ノ所ニテハ福地源一郎・水野寅次郎・丸山作楽三名ノ外無レ之候。

明治十五年六月十九日

三人政党

ところが、七月十九日に至って、異議なく政社として許可されることになった。なったが、党員三名というところから、三人政党として世間の笑いものになったことも、やむを得ないところであった。帝政党のほか、東京公同会というクラブめいたもののあったことが注目される。

東京公同会

帝政党大会

十五年十月に至って（『懐往事談』の五月はまちがい）、帝政党員は京都に大会を開いた。同月十二日まず大懇親会を新町後藤某の邸に開き、十三日・十四日相ついで大会を開いた。源一郎は党員募集をかねて、東海道を遊説しつつ、これに会した。相会するもの源一郎・丸山・水野・岡本武男・羽田《はねだ》恭輔のほか、九州から熊本の古荘嘉門などが参加した。古荘は保守派紫溟《しめい》会の頭目である。会員はすべて三百余名（あるいは五百余名とも)、左の申合せ書を議決した。

本会ハ同志ノ懇親ヲ主トス。内ハ国体ヲ保持シ、外ハ国権ヲ拡張シ、常ニ大中至正ノ地ニ立チ、以テ風俗ヲ矯正シ、以テ智識ヲ交換シ、我国民タルノ本分ヲ尽サンコトヲ冀《こいねが》ヒ、申合ヲナスコト如レ左。

(下略)

そうして第二回は明治十六年十月十二日と約束したが、それはついに実現せずしてやんだ。それは、この年九月、ついに政府の内意によって、帝政党は解党することになったからである。

解党

思うに、十六年には、前年の板垣・後藤の洋行と、三菱会社の件を仲にして自由・改進両党の激しい争いがあり、源一郎はその間に処して党勢拡張の漁夫の利を考えたかと見られるが、その思惑《おもわく》を一つも実行出来ぬ中に解党となった。そうして、それが政府の内意で解党となったというのも、何か奇妙な感じを与えるが、

解党を促す政府の内意

「衍義」にあった通り、立党の初めにおいては同主義・同動向であったのであるから、この一年半の間に、政府の方でも種々意見の相違なり変化なりがあったためと思わなくてはなるまい。その内意とは内閣は元来政党の外に超然たるものであるから、足下等の集まって政党組織をやるのは、政府の意志ではない。従って目下の所、ただ速やかに解党するのが第一である。もし強いてその党を維持するというのであれば、それは自由であるが、その代り政府は足下等の同行を謝絶する云々《うんぬん》というのであったという。恐らく政府は、さきには政党時代の出現におびえて、帝政党の出来たことを喜んだものであろうが、しかしその実際を見て、すでに政党という以上、帝政党といっても、取締りからは自由・改進と同様に待遇しなくてはならぬことになるが、帝政党は政府党をもって任じている以上、同等待遇は好まず、特別待遇をのぞんで、取締り当局を困却させたということがあったろう。それに政府内の事情を考えてみれば、党の黒幕であった岩倉は七月に歿し、伊藤はこの一年半の間不在であった（八月帰朝）。しかも岩倉や伊藤の間では、伊藤の憲法調査の連絡の間に、来るべき内閣は、一応政党内閣でなく超然内閣にしなくてはならぬという意見の調整が出来ていたものであろう。そうなれば、いかに君主主義の帝政党といっても、将来邪魔にはなっても、得《とく》にはならぬわけであるから、解党の内意となったものであろう。

しかしいかに御用党といっても、都合のよいときは利用し、都合がわるくなると解散・絶縁するというのは、あまりにわがまま勝手なわけであるから、同志中でも腹を立てるものが出来、中には内閣とは絶縁しても、国家の前途を憂慮するなら、この党は持続しなくてはならぬと論ずる連中もあった。源一郎も実にその一人であったのである。しかし大多数は、政府絶縁と聞いて意気沮《そ》喪《そう》し、早速解党に賛成したので、いかに源一郎の努力があっても何ともならず、ついに解党となった。これはさすがに残念であったろうと思う。

立憲帝政党は、今日の大政党に比べては勿論、当時としても自由・改進両党よりも規模がずっと小さかったと想像されるが、それでもこれの維持には相当の金がかかったにちがいない。その金はどこから出たか。政府からも出たろう、党員も出したろう。伊藤・井上などからも出たろう。「東京日日」その他の新聞社からも出たろう。あるいは丸山・水野なども多少工面するところがあったにちがいない。しかし大部分は結局源一郎が背負ったものではなかったか。彼は自伝にも『懐往事談』にも一語半句もそのことは書いてないが、この前後からそれまでになかった多額の借金を負う身となったらしい形跡があるところから、どうもそうと察しられる。彼が「東京日日」の退社とともに、池ノ端の邸を売り、家資・家財をはたいてしまったことをもって、その多年の放蕩《ほうとう》・道楽生活のせいに帰する人々が多いが、これは、しかし見当が外《はず》れていよう。女色や美食・美衣・美服・花札好きの程度の道楽ならば、源一郎たるもの、これほどの零落に落ち込まなくてもすんだ筈である。それがここまで身代限りになったというのは、けだし立憲帝政党の政治道楽のたたりが根本と見た方が当っていると思う。

（十三）　源一郎の政治活動の批評

かくて源一郎の政治活動は、空しく歴史上に三人政党の名をとどめて雲散したかの観があったが、その本質は果してそれだけのものであったか。自由・改進両党からは罵詈《ばり》の限りを尽され、人格的にもはなはだしく唾棄《だき》されているが、この立憲帝政党の活動は、ただそれだけでよいものかどうか。どうも私にはそうは思えない。源一郎自身、この急進・過激の狂瀾怒濤《きょうらんどとう》の間において君主主義の意義を維持した点において、幾分の効なしとしないといっている（『懐往事談』帝政党起仆の事）。これは識者の批評をかりて正しい結果を聞く必要があるかと思う。そこで、陸羯南《くがかつなん》の『近時政論考』を借りて、それを聞いてみよう。『近時政論考』の第六帝政論派のところにこうある（強い厳正な文章であるから、大意を和げてとることにしたい）。曰く、帝政論派を単なる保守党とするのはまちがいである。帝政論派は、日本の政法の改革および自由制度の設立については、自由・改進二派と同じ立場である。ただその改革および設立の時期において反対しているもので、その漸進主義がそれを語っている。

帝政論派の代表者は、実際は伊藤博文である。当時福地・丸山などが表面に立ったけれども、その本陣は内閣にある。虚心に評すれば、当時の内閣は、自由制度の反対者ではないので、むしろその味方で、自由制度を進行させるものであった。従ってその政府の味方である帝政論派をもって専制論派または守旧論派と見ることは、なお自由論派を破壊主義者、または共和論者となすのと同じことである。しかしながら各論派というものは、大きな圜線《かんせん》の一片をとって好んで小さな圜をつくって、その中に入りたがるものである。自由論派が主権在民を唱えたので、それにまけまいとして主権在君の説を唱えて反対した。そこで改進論派は、その中にあって主権在君民の説を立てて、一方で自由派の急激を排し、他方に帝政論派の守旧的なところを撃った。帝政論派は本来は守旧・保守ではないのであるが、こうして自由・改進への反対に固執したので、これ以後民間風潮の逆流におかれて、ついに保守・守旧の論派と見なされることになった。けだしこれは、誰の過《あやま》ちでもない、帝政論派がみずからの反対態度にあまり徹底しようとした過ちから出たものといわなくてはならぬ。

帝政論派は本来立憲政治の賛成者である。しかるにそうとしてみるとき、実に大きな欠点をもっていた。そのなすところは、わが論旨を進んで世間に知らしめるというより、むしろ他の論派に反対してただこれを防禦するのを主とした。いわば帝政論派のなすところは、進撃でなく、防守にある。そうして防守に熱心なあまり、彼をして藩閥政府に対する攻撃までも防禦させることになった。帝政論派といえども、明治十四年の聖詔に従って立憲政体を是認したものである（綱領）。しかるに立憲政体は、その本義において責任内閣（政党内閣）を包含しているもの、しかるに藩閥内閣は如何に弁護の勢をとったにしても、強者の権利、または戦勝者の権力、または軍人政治の意をもったものである。そこで、帝政論派が、自家の立場を弁護したついでにこの藩閥内閣までを弁護したのは、その賛成する立憲政体の義と憧着《どうちゃく》している。帝政論派は、かの改進論派とともに急進的改革を攻撃して、秩序的進歩を主張した。それが藩閥内閣を弁護したのは、けだし秩序的進歩を主張するというところから出ているかと思うが、しかしそれが大きな過失であった。秩序的進歩とは、貧富・智愚の差を是認する自由的競争および貴賤・上下の別を保持する匡済《きょうさい》的改革をいうのみ。決して強者の権利、戦勝者の権力、または軍人政治の類を許すものではない（源一郎のいう漸進的の本質はそこにはない）。

帝政論派は藩閥内閣を弁護して、「政権は口舌を以て争うべからず、実功を以て争うべし。死力を出して幕府を倒したる者が、その功によりて政権を握れり。之を尊敬するは人民の礼徳なり」とまで極言した。是れ政権を一種の財産の如く見なした説である、功を賞するに官を以ってすることを是認したものである。帝政論派の欠点、実にこれよりはなはだしきはない。しかし当時他の自由・改進の二論派が主張するところの議院内閣すなわち政党内閣というものがどういう意義をもったものであったか、世人一般がそれを何と解したか、これは疑問である。帝政論派の主義からいえば、帝室内閣というのが至当の制度ということになろう。その説の大要にいう、政党内閣は党派政治となり、一変して偏頗《へんぱ》の政治となり、遂にいうべからざる弊害を生ずるようになろう。帝室内閣は党派に偏せず、いわゆる無偏無党、王道蕩々《とうとう》の美政を維持するに足るものである、云々。そうして更にまたいう、世の政党内閣を主張するものは、輿論を代表する党派をもって政弊を救うというのではない、むしろ党派の勢いを借りて政権を奪おうと欲するものであると。果してその言うところの如くなら、政党内閣論はすなわち朋党《ほうとう》争権論である。帝政論派がこれを攻撃するのは、至当であるということになろう。しかしそのために藩閥内閣までも弁護して戦功者が権力を握るのを是認するに至っては、寸を直くするというつもりで尺を曲げる愚説といわなくてはならぬ。帝政論派がただ時の政府に容れられて、却って世間一般から攻撃されるに至ったのは、全くこの点にある。

しかしながら、帝政論派もまた政治・政論界に何の功もなかったというのではない。当時一世の風潮は民権自由の説に傾き、いわゆる末流の連中は、公然と言論をもって皇室の尊厳を犯すものがあるに至った。それほど粗暴に至らざるものと雖も、世の風潮を憚って明らかに日本帝国の国体を論ずることは敢てせず、また民間の政論家は、日本の旧慣を弁護することが一つもないという有様で、僅かにイギリスの例をかりて西洋風の勤王論を口にするにすぎなかった。当時の政論家は、実に国体論または忠君論を禁物としていたものである。この時に当って断然起って万世不易《ふえき》の国体を説き、王権論を説き、欽定憲法論を説いたものは、独り帝政論派があるのみ。吾輩は、その説が往々偏僻《へんぺき》に流れるところがあったことは知っているが、世の潮流に逆らって民権熱・急進論に清涼剤を投じた功は没すべきでないと信ずるものである。帝政論派は、もとより一の論派たる価値は十分あるものであった。しかしそれに拘わらず、その勢力が他の自由・改進の二派に及ばなかったのは、藩閥内閣の弁護をした過誤によるものであったとすべきであろう。

以上が陸羯南の帝政党政治活動の批評である。陸の立場は、自由・改進二派を包摂したナショナリスト(国民論派と自らいう)であるが、それだけに多少いわゆる帝政論派に同情したところがあっても、なお厳正にその短所・長所を指剔《してき》している。当年の源一郎たるもの、これを読んで、恐らく甘んじて心服したであろう。

（十四）「東京日日」を退社す

陸の批評は、源一郎らの政治活動にとって理解のあるものであったが、しかしこれは識者の批評である。帝政党の忽起《こつき》忽仆《こつぼく》についての世評は、これとは大いにちがったもので、むしろ頗る悪いものであった。政党はともかく主義による同志の集まりである。しかるに政府がやめよといったからとて、すぐやめるとは何事であるか。これは、たとい帝政党とはいえ、志士のすることではない、腰抜けのすることである（世間の人々には政府や源一郎らの内情がよくわかっていないのは勿論である）。そういうのは政治家でも党人でもない。勢利を追うて政府の味方をする小人というにすぎない、云々。そういうことで、源一郎は、このために、その軽忽《けいこつ》を叱られ、すっかり信用を落し、従って新聞記者としての人気もひどく下った。勿論、十四年後半以来、次第に売れなくなって来た「日日新聞」も、こうなっては益々売れなくなった。源一郎も、今やその力とたのむは新聞一方であるから、種々工夫をこらして挽回しようと努力したが、貧乏神は一人で来ないという諺《ことわざ》がある通り、悪いときは悪い条件がそろって、益々悪くなる。帝政党解党以後の源一郎も、全くそういう窮境に入ったもので、『懐往事談』のこのころの記事は、文字通り愚痴であり、流石《さすが》才子で鳴らした桜痴居士の面影はない。

愚痴

悪条件の第一

政府、官報を発行

その悪条件の第一であり、かつ最大ともいうべきものは、明治十六年七月、政府が独力で官報を出したことである。

官報のことは、前々のべた通り、源一郎から政府に申込んであったもので、これから輿論を指導するには何としても政府の新聞すなわち官報が必要であり、早く「日日新聞」を官報にされたいということを何度も要求してきた。しかし政府では伊藤・井上・山県などの少数者のほかはその必要を認めなかったので、源一郎の注文はなかなか容れられずに今日に至ったものである。源一郎も、やがてはその機が来るであろうとそれを待っていた。しかるに今や突然源一郎の前々からの注文を無視して(恐らく内約のようなものがあったのかと思うが)、政府みずから官報を出すということになった。これは恐らく政府下僚の進歩的文化人連中の主張が通ったものと思うが、源一郎にはその辺の消息がどうなっていたか。ともあれ源一郎は大いに驚いて、早速内閣の大臣・参議連中に会って、政府で真実官報を必要と認めるようになったら、かねての主張通り「東京日日」を官報としてもらいたいと説いた。しかし政府は結局これを容れず、自分から別に官報局を設け、かつ官公吏に対して義務購求の命令を下したのである。これで、「東京日日」は一挙にして数千の購読者を失ったわけで、全く致命傷をうけた。そこで源一郎は、その致命傷をいくらかでも軽くしようと、改めて印刷方と売捌《うりさばき》方を東京日日社に委託してくれるように頼んだ。政府もさすがにそれまで拒絶するに忍びなかったか、

「東京日日」の致命傷

一応承知したのであるが、やはり実行の段になって、自分で印刷局で刷って、自分で売捌くことにした。これで源一郎は完全に政府に売られたわけである。初め源一郎は、内閣の言葉を信じ、新聞を道伴れに政府の味方として起った。そうしてその新聞を当然政府の機関とすべきであるとしてそれを求めたが、内閣は依違《いい》して実行しなかった。しかるに今や「日日」の落目になったときに、突然官報を新しく出して「日日」の読者を奪うというのは、味方を苦しめて気勢を挫《くじ》くというもので、公明の敵よりもわるいものであろう。

悪条件の第二

　悪条件の第二は、世間には御用新聞といわれながら、政府の官吏からは極めて冷淡に扱われたということである。報道上種々な便宜を受くべき筈であって、何の便宜も補助も受けなかった。それで、政府の公文を始め種々なニュースを得ようとして政府を訪問しても、却って御用新聞というので、なるべく接触しないようにし、公平の取扱いを口実にして何でもないニュースでも「日日新聞」だからとて知らせることは、決してしなかった。元来政府と方針をともにし、その味方として政府の用に立とうという新聞には、政府としては特別の保護を与えるのが当然である。しかるに伊藤・井上などの上層は従来のように源一郎を懇遇《こんぐう》したけれども、下僚官吏に至っては、源一郎や日日社員を危病神のように嫌った。

更に悪条件の三は、その官吏が源一郎の新聞を購読しないことであった。当時東京の新聞は、大抵政府反対のもので、政府と方針を同一にしたものは「東京日日」であったが、官吏は始めからあまり「日日」を購読しなかった。それが、官報が出てからとなると、なお一層購読しなくなった。源一郎はこの点をいい立てて、官吏の「日日新聞」購読をすすめたが、薄給で二つも新聞をとるのは迷惑だというので、それを聞き入れるものは少なかった。その反対に、奇妙な現象であるが、反対党の方の新聞の官吏読者は、却って次第に幾分増加してきた。これは明治十八年春の調査であるというが、「東京日日」の官吏読者は、官報発行前に比べて十分の四を減じたのに対し、反対新聞の読者は却って十分の三を増加したという。

こうした源一郎の人気と信用の失墜と悪条件とが重なって、「東京日日」はただただ衰退の一途をたどるのみとなった。

しかし翻《ひるが》えって考えてみると、源一郎はしきりに官吏を悪くいっているが、しかし官吏側からいえば、そこに微妙な感情があったものではなかろうか。そのころの源一郎は、あるいは意識しなかったかも知れないが、例の才子振った自衒《じげん》自売の態度で、おれが味方してやるから安心していろ、といわんばかりのところがあったのではないか。それは実際の態度にも、新聞の文章にもそうとはっきり見えたろう。それを見ては、いかに味方をされる官吏でも、源一郎のもとからの友達をのぞいては、あまり快《こころよ》く思えなかったのは当然であろう。まして彼らの大部分も、やはり源一郎が味方しているのは、利のためであると信じていたろうか

時代の人ではない

ら、益々面白くなかったろう。その上、同じく官吏とはいっても昔源一郎が小馬鹿にしていた官吏とはちがって、このころでは若手の俊秀が多くなったので（井上毅《こわし》・陸羯南など皆しかり）、源一郎の才物なことは認めても、彼一人を味方として政府の内懐《うちふところ》に入れることは危ないと見たであろう。主権論はなるほど苦戦ながらよく戦った。しかし源一郎だけの手並みでは覚束ないといわなければならぬ。その上、乗りかけた船で藩閥弁護という余計な問題まで起した。これはしなくてよかったものである。一言でいうと、源一郎が懸命になって政府の弁護をしている中に、いつとなくもう彼は時代の人ではないということが彼らにわかった。ただ政府の上層に遠慮して公然とそういわないだけであったろう。それで源一郎が上層へ友人顔をして何かいってきても、下々の方には通らなかったわけである。当然源一郎は政治論で夢中になっていたので、この辺の人情の変化に気がつかなかったものか。全く源一郎らしくない行き方であった。

福地の希望消える

すでにして明治十八年に至って、政府は太政官をやめて内閣制度をとり、伊藤博文が最初の内閣総理大臣となった。これが十四年の詔勅で約束された立憲政治の踏み石の一段であったことはいうまでもない。源一郎は、あるいはそこに万一の希望をつなぎ、彼の活動の余地がありはせぬかと思ったかとも考えるが、しかし伊藤は、立憲政治は謳《うた》っても、内閣は政党に超然たる立場をとることを明言したので、源一郎の希望は消えてしまった。彼が「東京日日」を提《ひっさ》げて政府の将来の味方となって行くという目的は全く徒爾《とじ》となってしまったのである。主権を政党におく政党内閣の不可ということは、主権論でも源一郎が散々主張したところであるが、しかし国会政治をやる以上、政党を全然無視することの出来ないことは、多数政治を認める国会政治の常識である。それで、その際内閣はたとい大臣自身が政党に入らないまでも、味方を多くして議院で多数を得る工夫を忘れてはならない。そのとき味方を多くするには言論と新聞とが何よりの武器であるというのが、源一郎の持論であった。源一郎は、伊藤が総理になったら、多分その辺の用意を始めるであろうと予期したのであるが、しかし内閣全体の意志に従って超然主義をとったとなった以上、味方をひろく天下に求めて議院で多数を制する用意なども、余計のことと考えているように思われた。

ここで源一郎は、政治の現状、新聞の衰退、わが多年の努力の無効、種々な点を反省して、ついに政治論壇から退き、「日日新聞」からも手をひくことにきめた。そこで『懐往事談』でこう結んでいる。

此時に際してや、日日新聞は御用新聞の名のみ益々盛にして更に政府の機関たる実も無く、其発行高の如きも、明治十二ー三年に比すれば三割も減じて漸く生気を失ひ、加ふるに、余が論鋒も自から事情に牽制せられて縦横自在を失ひたる数年に渉りたれば、世上の愛読を得ること復《また》昔日の如くならず。但し余にして功名の一念に馳騁《ちてい》せば、此時を以て俄然議論の面目を一変して

我身を論壇より退くに若かず

手を改進・自由の諸党に連ね、政府を敵として論壇に立たんこと時機敢て晩《おそ》きにはあらざりき。然る時は余が余勇の猶《なお》一隅に偏安《へんあん》するに足れるを知りたるなり。然れども一身の名利の為に平素の持論に戻り年来の知己に背《そむ》かんは、余が心に屑《いさぎよし》とせざりし所なれば、此場合に至りては寧ろ我身を論壇より退くるに若《し》かずと覚り、乃《すなわ》ち明治二十年を以て日日新聞社長を関直彦氏に譲りて退隠し、再び筆を政治論に染めずと心に誓ひて退きたり。其後は不幸にして家道も衰へたれば、益々政治界に念を絶ちて専ら文学に従事して今日に至りぬ、云々。

源一郎の心事も、大いに同情に値するものがあったといわなくてはならぬ。しかし右の文中、「但し余にして功名の一念に馳騁せば」云々のところであるが、源一郎は十分そういう自信をもっていたとして、果してそれが出来たかどうか。民間同志が果してそう易々《やすやす》と彼の再加入を認めたかどうか。彼は、ここ数年政府の味方にあまりに深入りして来たのであるから、どうもそう易々とはいかなかったかも知れない。私をして源一郎のために謀らしめれば、むしろ政治をやめてもとの社会啓蒙新聞にもどるのがよかったと思う。但しもうそれには時代が違っている上、源一郎が政治論に深入りしすぎたから、ただこのままでは出来ない。それには源一郎の頭の洗濯が第一に必要である。頭を政治論から洗って社会改良ときりかえるのである。それにはまず洋行を一―二年すること、そうして西洋の新文明・新社会にもう一度接して、しかる後、新しい改良理想で筆をとらなくてはなるまい。それが第一であったと思う。同時にこれを機に多年の道楽生活もぴたりとやめるべきであったろう。ここでそうしていたら、数年後の不快・不潔な連坐事件などにひっかからなくてもすんだのではないか。

以上で自伝、明治十八年までの分はすんだわけであるが、多少事実を補足しておく必要がある。

明治十七年の冬、第二次朝鮮事変があった。翌十八年春、伊藤はその件で李鴻章《りこうしょう》と談判するため、清国《しんこく》に赴いた。このとき源一郎は伊藤について行って報道に従ったが、北京・天津などにも歴遊して、その方のことも書いて寄越した。十九年に入って、井上が条約改正談判に苦闘していた際、それを応援する意味で「外交機密ノ要」などというものを書いた。同時に、注意すべきことは、このころの欧化時代になって、彼が「日本を知れ」と読者によびかけていることである。これは、帝政党の名残りともいえばいえるが、伊藤・井上と離れた時代への警告とせば、却って嘉《よみ》すべきものといってよかろう。

北京・天津を歴遊

「日本を知れ」

同じ十九年には、盟友の一人条野が「東京日日」と別れ、別に「やまと新聞」を創刊した。これが廉売を始めたので、「東京日日」も煽《あお》りをくらい、値下げをした結果、一層の経済的苦境となった。源一郎は自ら減俸（二〇〇円）を実行し、部下（関・塚原渋柿《じゅうし》・岡本綺堂）の減俸もやったが、それでもどうにもならず、明治二十年一月、新聞の持主権を石川周作に売った。しかし結局は持ちきれず、二十一年七月関直彦に社長を譲って遂に引退したのである。

（十五）退社後の生涯

明治十九年以後は不得意の生涯

源一郎の自筆自伝というものは、今日野崎左文氏の『私の見た明治文壇』（昭和二年刊）に載っているが、これはずっと前、明治十八年、「今日新聞」が日本十二傑の投票を募ったとき、源一郎はその一人として新聞記者の最高点当選者となったとき、野崎氏の請《こい》によって同紙に送ったものであった。従って、これは明治十八年で終っているわけであるが、その後野崎氏がこれを補綴《ほてい》して十九年以後に及びかけたとき、源一郎はこれを聞いて、いや自分の伝は一応あれまでにしておいてくれ、あれ以後の自分は不得意の生涯に入るわけであるから、補綴も何もやめておいてもらうとする、もっとも老後の思い出に何か企てていることもあるから、それまでは十八年以後の追加は御免蒙りたいといったという。そこで私のこの桜痴伝も、一応明治十八年までを、その得意の時代として詳しく述べておいて、そのあとは極《ご》く省略し、ただ伝の形式を備えるだけにして止めておくことにしよう。

文壇の表面に出ない文学者

源一郎、すなわち桜痴の生涯は、こうして、その前半は新聞記者で、派手な、華やかな時代、後半は文学者で、文学者でありながら文壇の表面に出なかった地味なさびしい時代と分れるのであるが、われらからいえば、活気にみちた記者としての源一郎の生涯も面白いけれども、文学者としての桜痴の後半生についても、語るべきことがいろいろある。しかし今は後半生の分は略記として伝記の形式をそろえることにきめたことであるし、紙数の関係で文学者としての桜痴の論を長々とやるのは無理でもあるしするから、これは他日詳しくやることにしよう。もっともその中小説の部分は、拙著『政治小説研究』下巻の中で可成りこまかく書いておいたから、それを参考されても間にあうであろう。そこでこの伝記では、ともかく後半生を略記して、前後をまとめ、さて附録的に文学者桜痴についての知識を若干並べておくことにする。

文学者に転身

明治二十一年、「東京日日」の社長を譲り、政治面から引退した源一郎は、文学者に転身して、小説を書き出した。同時にかねて閑があったら着手しようと思っていた戯曲・劇場の改良にも関係し始めた。しかし彼はまた自分の実際活動の方の才腕にまだ自信があったから、文学や戯曲に身を埋めるつもりはなく、いずれ経済実業の方面から盛り返して、今一ト旗揚げるつもりであったらしく、この方面の仲間と一緒に会社の計画などもやった。

吉原疑獄事件に連坐

しかるに、翌二十二年、吉原貸座敷賦《ふ》金《きん》引き下げの疑獄が起ると、平生その方面に知合いの多い彼は、恐らくいろいろな関係から嫌疑をうけたものであろう、すぐ連坐となって拘引された。

無罪

結局嫌疑は晴れて無罪とはなったが、これでひどく社会の信用を失い、そのせいもあったかどうか、企画中の会社も頓挫《とんざ》して失敗となり、彼の肩にはまたも多額の債務がかかってきた。前の帝政党のときは、負債が出来たとはいっても、まだ時々内閣の大官や道楽仲間を招いて花見の宴を催すぐらいの余裕はあった（彼の家は池ノ端茅《かや》町にあり、当時には上野の桜がよく眺められたという）。しかし今度の会社の頓挫では、その堪え方はきびしく、大体このときで身代限りをしたことになったのであろう。

身代限り

しかし源一郎はまだそれでも屈しなかった。彼は、かねての戯曲改良の理想を実現させることを考え、それには今の歌舞伎の改良が急務であるとして、みずから発起人となって歌舞伎座を建て、そこで自分の手になる新歌舞伎物の上演を始めた。

歌舞伎の改良

これは成功であった。ところが、足下から伏兵というか、彼の味方で金主であった千葉勝五郎（西田伝助の親戚）が、歌舞伎座の建築中、これは巧くいくなと見て欲心を出し、彼に強談して、合座主となった。つまり共同経営というわけである。こうして、今もいう通り建築が出来上って、上演も成功となったところ、千葉は金力にものをいわせて、ついにみずから座主となり、源一郎を座主の地位から逐って

座主の地位を逐わる

歌舞伎座付作者

市川団十郎と相投合す

しまった。源一郎も残念であったろうが、資本家の千葉に金が返せない以上、やむを得なかったろう。それで、彼は、二十三年からはただ歌舞伎座付きの作者《さくしゃ》となって、自家の作物、その他を上演する世話役に止まった。幸いに名優市川団十郎が源一郎の人物・手腕を高く買った上、気質的にも相投合《とうごう》するところがあったので、作者としての位地は動かず、ついに三十年には正式の立作者《たてさくしゃ》となった。

源一郎は、作者として活動するほか、自分でも数多くの新戯曲を書き、その大抵は団十郎の好んで演ずるところとなった。そのほか、衣食の必要からもあって、後に見る如く、小説を沢山書き、「東京日日」その他に載せた。更に明治二十六年には渋沢栄一が経費を負担して『徳川慶喜公伝』を書くことになっていたが、これは、準備中に源一郎が歿したので成らなかった。しかし歴史はもともと好むところでもあり、また力を入れたものでもあって、著作も数種残っている。

明治三十三年十一月、「江湖新聞」以来の盟友条野伝平が歿した。条野は晩年

「やまと新聞」の顧問となる

時事論

戯曲の筆を絶つ

「やまと新聞」の文学・社会方面を主宰していたのであるが、その人が歿したので、「やまと新聞」（社長松下軍治）が条野との縁故で源一郎を迎えて主筆にしようとした。しかし源一郎は考えるところがあってこれを辞し、ただ顧問となって、時々、時事論や文学批評・小説などを掲げるに止まった。そうしてそれらの論評中、さすがに見るべきものがあるが、時事論中、国家社会主義の論の如きは、時節柄殊に注目すべきものであろう。

福地源一郎，63歳

三十六年九月、団十郎死去、これ以後戯曲の筆を絶ったといえる。越えて三十七年は日露戦争の年であるが、源一郎は、前に野崎氏に語ったという老後の一ト花を思いついたものか、起《た》

衆議院議員に当選

って衆議院の議員候補者に立ち、見事に当選した。しかしもうこのときはその健康が失われていたので、折角当選しても十分な活動も出来ず、三十八年を病中に過し、

死歿

越えて三十九年（一九〇六）一月四日、東京築地の僑居《きょうきょ》に歿した。享年六十六（満では六十四歳という）。葬儀は、政友・友人たちの世話で、芝の増上寺で盛んに行われ、谷中《やなか》の墓地に葬られた。法名は温良院徳誉芳名桜痴居士とつけられた。

夫人さと子は大正八年四月五日歿、法名は淳良院共誉智芳貞淑大姉《だいし》とあるという。何歳であったか、享年はつまびらかにしない。

附録第一　文学者としての福地桜痴

本伝は、新聞記者および政治関係者としての源一郎を主とせざるを得なかったので、この附録では、もっぱら文学者としての源一郎の輪廓を髣髴《ほうふつ》とさせることにする。

文学者としての源一郎の業績は、大よそ四つの方面にわかれるが、第一、戯曲　第二、小説　第三、翻訳　第四、歴史　これである。以下、この順序でその四つの方面の大略をのべいわゆる輪廓を髣髴とさせようというわけである（なお新聞記者としての立場から文学思想家としての今一面があるわけであるが、これは近著『明治初期の文学思想』（上）の中に書いたので、ここでは省くことにした）。

1　戯　曲

丸本の研究結果を取り入れる

『桜痴居士と団十郎』西洋文学からの影響

源一郎の戯曲は、彼自身がいっているように、丸本、すなわち徳川戯曲をよく研究した結果が取り入れられてあるのであるから、丸本の調子が文詞の間に出ているのは勿論といえるが、その小説も、全体としての調子が徳川戯作《げさく》のそれから脈をひくように受けとれ、従って彼の文学の本源が全体的に徳川文学にあるような気がする。すなわち徳川戯作を明治に引き直したもののような印象を与えるのである。ところが、事実はそうではないので、源一郎自身が『桜痴居士と団十郎』の中で語っているところによると、彼の文学の本源は、意外にも西洋文学から来ているのである。すなわち戯曲は西洋戯曲、小説は西洋小説から来ている。問題は書き方、文章の上にあるが（殊に小説の方の）、それは、前半生の経歴の失敗に対する自嘲《じちよう》の現われで、その点で源一郎の態度・生き方が徳川時代のインテリ戯作家、たとえば才あって成功しなかった風来山人（平賀源内）などに似たものがあったところから、源一郎の方で風来でも学んだのではないかと速断して、そうした印象を受けとるのではないか。

源一郎は生涯道楽生活を送ったところから、彼は子どものときからだらけた育て方をされて来たのではないかと、よく思われがちである。殊に男の末子であり、甘やかされてわがままの仕法第《しほうだい》で育ってきたのではないか、そう受けとられ勝ちである。しかし事実はそうではなく、石橋先生の源一郎の育て方は案外きびしいものであったらしい。現に源一郎は、おれは忠孝主義で鍛えられたといっている。

忠孝主義で鍛えられる

その源一郎がどうしてああいう道楽者になったか、そこにはそれだけの理由があったとし、今は別にそれを説きほぐしている必要はないが、ともあれ、少年時代から芝居とか戯作・小説などは、あまり近づかずに大きくなったらしい。『漢楚軍談』『三国誌』とかいう軍談ものは、書生の副読本のようなものであったから、それらは読んだろう。それから『水滸伝《すいこ》』とか何とかいう中国小説は多少手にしたろうが、いわゆる女子・少年の好んで手にするような戯作はそう読まなかった。

西洋では戯曲は芸術の最高のもの

すなわち私どものいう文学とはあまり因縁をもたずに成長してきたのである。これは意外なように思われるが、源一郎がたびたびくり返しているから、その通りと思わなくてはなるまい。このことは、彼の漢詩文の才が天稟《てんぴん》であったというのとは、ちっとちがうことであろう。

しかるに安政以後、徳川幕府に仕えて、公用でたびたび洋行するようになって、何としても戯曲や小説に近づかないわけにいかなくなった。西洋、すなわち文明諸国では、習慣上、他国の使節なり賓客なりをもてなすのに、劇場において戯曲を観せるのを第一としている。この場合、戯曲とか演劇というものの観念が、まるきりちがうのである。日本では、当時の芝居といえば、下層社会の楽しみで、上層社会の人々が見たいときは身分をかくして出かける。場所も猥雑《わいざつ》であまり清潔でなく、作者も戯作者一流と肩を伍している卑いものである。しかし西洋文明国では、戯曲は芸術の最高のもの、劇場は紳士淑女の社交場であり、その作者は

日本の使節観劇で居眠りをする

社会の名士と並んで対等につきあう。政府が他国の使節や賓客をここに招くのは、彼らを尊敬し、その機嫌のよく楽しまんことをもとめるからであって、決して粗末な待遇をあてがうつもりではない。そこで、日本の（すなわち幕府の）使節が西洋各国を訪れるに及んで、各国でも必ず一行を劇場に招くのを最大のもてなしとした。しかるに、そうしたことは、日本にはない習慣であり、日本の使節には戯曲や劇場になれない人々が多い。況んや耳できいてわからない外国語でやられたのでは、解らないものが一層解らないわけである。そこで、先方の好意を無にせぬつもりで、初めは勉強して見物していても、まもなく睡気を催して、居眠ってしまう。それが毎々のことであった。

ところが、先方の接待掛りには、それがまことに不思議である。この面白いものを見ていて、居眠ってしまうというのは、なぜであろうか、日本には芝居がないのか、それとも日本人の武士は芝居を好まないのか。源一郎は大抵の場合、通弁役であったので、わずかに居眠りをこらえていたものであったろうが、先方の接待掛りは、源一郎にそこのところを質問をした。そこで源一郎が答えて、それは要するに、言葉の問題である、それが解らないから面白くない、面白くないから居眠りとなるのである。自分でさえそうであるから、上役の方はなおさらのことだといった。

観劇の前に脚本を勉強

先方の接待掛りは、なるほどとさとったが、その次からは源一郎に前もって筋書をよませ、それを上役の人々に説明させて、しかるのちに上場《じょうじょう》の戯曲を見せることにした。そうすると、今度は大分工合がよく、居眠り組も少なくなった。源一郎も励みがついて、先方の接待掛りについて、いろいろ上場の戯曲のことを尋ねる。結局、それには脚本をよむのが一番よいとなって、観劇の前には、源一郎は必ず脚本を勉強する。それをくり返している中に、今度は、源一郎の方で、脚本が面白くなって、観劇に関係なく、いろいろな作家の脚本をあさって読み始

シェークスピヤ・シルレル・シェリダン

めるようになった。こうして、戯曲と彼との終生の因縁が生じたものと、『桜痴居士と市川団十郎』の中に説いている。そうしてその西洋戯曲が縁となって、さらに西洋文学、すなわち小説の方にも手がのびたものであったという。

これらのことは、すべて明治維新以前のことであるが、源一郎は、こうした因縁で、明治以前にシェークスピヤも、シルレルも、リットンも、シェリダンも読んだのである。そうして独自の眼識と実地観劇の経験で、早くも西洋戯曲を批評的に解釈し、詩詞ではシェークスピヤが古今第一、シルレルがこれにつぐが、実地上場の効果ではシェリダンに及ばない。シェリダンこそ今日第一の作家であると考えるに至った。この上場第一という考えが、あとで戯曲革新に当ったときに、自然生きてくることになったろう。

さて源一郎は、洋行のたびに（前後四回）演劇好きになって帰ってきたわけであるが、そうなると、日本に帰れば自然日本の芝居を見るわけであるけれども、日本のものは西洋のものに比べて一向面白くない。日本の芝居は、このままではいけないと、そのたびに考えた。しかしこのころはほかに職があり、役人であったのであるから、別に演劇改良とか戯曲革新とかいう志を起さなかった。それで、ただ知り合いに対して、西洋演劇の面白いこと、それに比べて日本の芝居の面白くないことばかり話して聞かした（勿論演劇・戯曲から引いて小説の面白いこと、文学一般の進んでいる話などもしたろう）。それを聞かされたのは、古い知り合いの古河《ふるかわ》黙阿弥とか市川団十郎、新しい知り合いの守田勘弥・中村宗十郎などであったというが、いずれも新しいものの好きな連中であり（黙阿弥はどうであったか）、源一郎の話口も面白いので、話が興に乗ると、いやシェークスピヤの『ハムレット』をやりたいとか、『ロミオとジュリエット』をやりたいとかいい合って、源一郎にせがんで、西洋を土台とした新しい芝居を書かせて見ようとした。しかし結局源一郎にその暇がなかったので、なかなか実現が出来なかった。それは、大方三条の教則につ

演劇改良

黙阿弥・市川団十郎・守田勘弥・中村宗十郎

ながる芝居改革の空気がもり上ってきていた時代であったろう（明治五―六年のころ）。守田も団十郎も、時勢に敏感であったから、源一郎から説かれるまでもなく、日本の芝居の改良のことは考えていた。殊に団十郎は、市井《しせい》の講釈材料の黙阿弥物だけでは満足が出来ず、史実・故実に即した歴史物、あとで、魯文《ろぶん》が冷やかした活歴物（活きた歴史をやるというので）、の方にそろそろ手をのばして、畠山如心斎とか松岡某とかいうその方の故老を師匠にして、方向転換を謀っていたものである。漢文学の依田《よだ》学海が急進的な演劇改良論を振り廻したのも、このころに始まったと思う。学海には学海の立場があったが、活歴という点では頗る似たものであった。

ところが、不図《ふと》とした機会で、源一郎は役人をやめて、新聞記者となった（明治七年）。そこで、源一郎も、始めて演劇改良ということを本式にやってみようかと考えるようになった。しかしそれをやるにしても、すぐは出来ない、西洋の引

丸本を買い集める

直し、すなわち翻案ならすぐにも出来る、しかし本式に日本の芝居を改良しようというのでは、そう簡単にはいかない。それで、源一郎は、その第一着手として丸本の研究を始めた。このとき買い集めた丸本が六百冊とも九百冊とも伝わっているが、いずれにしても大した数である。それを片端《かたつぱし》から読破して、改良の手掛りとなる長所がないかと探してみた。これは、実に退屈な仕事で、さすがの源一郎も閉口したというが、結局それをやり通して、改良の手掛りをつかむことが出来た。それは、これらの丸本中、面白いものと面白くないものとあるが、その面白いものは何故面白いか。それは、筋に自然に生きたところがあって、史実の活動を助けているところがあるからである。そこで源一郎は、この長所をとって、改良の土台とし、それにさらに西洋史劇の筋の自然さを入れ、その漸層的構成法をとり入れてまとめたら、きっと好い戯曲となると見定めた。それで、彼の日本演劇改良の理想は、ほぼきまったことになった。

ところが、明治十年以後は自由民権の世界となり、政治論争に忙しくなったので、またまた演劇改良などに手をつけておれなくなった。そこで小閑を得ては、リットンの『マネイ』の翻案を黙阿弥にやらせたり(『人間万事金世中』)、またフランス小説・イギリス小説などを翻案して三遊亭円朝にやらせたりしてお茶を濁していた。わずかに奮発して力を借したのは、十二年グラント将軍来遊のときで、このときの招待観劇に、前九年・後三年の役《えき》をアメリカの南北戦争に見立てさせた趣向のとき位のものであろう。このころは、団十郎は次第に活歴をはなれて新方向を求めていたので、源一郎は団十郎にも黙阿弥にもよく忠告して、自家の改良理想を少しでも実行させるようにしたという。このころやった西郷戦争の芝居(『西南雲晴朝東風《おきげのくもはるるあさごち》』)に、かつての経験を生かして勧降状起草の一場を加えさせたりしたのも、その現われであったろう。

しかるに明治十七年ごろになって、政治論争もやや下火になったので、このころから新聞紙上に時々演劇改良論を書くようになった。それは、まとめていうと、前のように戯曲乃至演劇だけを改良するというものではなく、それが無論中心ではあるが、今度はそれを大きくひろげて、それを作る作者、それを上演する場所、それを演出する役者の見識を合せて改良しなくては、改良の理想が達せられないというものである。そうして、その手本は、根本としては西洋演劇である。やがて明治十九年末松謙澄が帰朝すると、これもかねて日本詩歌・演劇の改良のことを考えていたものであるから、演劇改良については早速実行にかかり、伊藤・井上などの上層名流をバックにして、改良会を組織した。源一郎も、そのころは、「東京日日」社長をやめかけていたころであったから、これも早速この会に加わって、多年の演劇改良の理想を実現しようということになった。

演劇改良会を組織

この改良会にもいろいろ曲折はあるが、それは今述べる必要がない。「東京日日」退社となって、歌舞伎座建築にかかったこと、団十郎付きの作者となったことは、前にのべた通りである。さてその作物であるが、それは、前にもいった通り、黙阿弥張りの講釈的封建分子をさけた史劇が主で、黙阿弥の史劇すなわち時代劇は、世話物の感情から想像した仮作創作が多かったのであるが、源一郎のはそれをさけ、まず西洋の叙事詩のように筋を自然に通すのを主眼とする。その筋も強《しい》て作ったものでなく、歴史を生かしてつかう。背景・人物に創作はつかうが(事実なり心理なり)、それは歴史の筋を助ける限りにおいてする。従って黙阿弥物に比べて、源一郎の新史劇は、創作が入ってもずっと自然であり、それが西洋風の盛り上げ方で、初・中(クライマックス)・終と、三幕乃至五幕に盛りあがっていく、これが団十郎の気にいったところで、団十郎の改良理想というのもほぼこうしたものであり、ただ源一郎に比べて西洋よりも日本が多かっただけであろう。作者・役者としてのインテリ的見識に至っては、よく調子が合ったのである。従来の戯作者風は、ともに嫌ったところであった。それで、源一郎の改良新史劇は、結果的には一トロにいうと、筋を主にした叙事詩劇といったものになったが、これは、彼自身、おれは本来歴史家だといった、その本質とつながっていると見てよかろう。しかし幕末以来の黙阿弥劇は、ともかくこれで一応革新・改良されることになり、源一郎は立派にその先駆者の位地を占めることになった（坪内逍遙も、同じく西洋演劇をもとにして改良・革新を考えたが、これは叙事史劇ではなく、人間本位の性格劇を理想とした。そこで源一郎の改良戯曲からさらに一歩すすめて、彼自身の改良戯曲を作り出すことになって、明治の演劇改良をまた一段と高めたというわけである。しかし逍遙の大きな成功以前における源一郎の改良の成功は、団十郎の協力もあって、ともかく歴史的に動かぬものとなっている、と見てよかろう）。

左に『桜痴居士と市川団十郎』によって、源一郎の著作脚本をあげておこう。

著作脚本

○『相馬平氏二代譚《ものがたり》』　明治二十三年三月

近松作『関八州繋馬《つなぎうま》』の改作

○『実録忠臣蔵』　同　年五月
河竹新七補
○『武勇誉出世景清』　同　二十四年三月
近松原作
○『春日局』　同　年六月
○『豊島の嵐』　同
○『舞扇恨之刃』　同　年七月
サルドウ作『トスカ』の翻訳
○『志渡浦海人《あまの》玉形』　同　上
○『太閤軍記朝鮮巻』　同　年十一月
○『小督《こごう》』『高野物くるひ』同　上
○『平野次郎』　同　二十五年一月

○『求女《もとめ》塚《づか》身替新田《にった》』　同　年三月

近松原作

○『関原誉凱歌』　同　年十月

○『素《す》襖《おう》落《おとし》』　同　上

○『東鑑拝賀巻』　同　二十六年三月

○『春興鏡獅子』　同　上

○『十二時会稽曾我』　同　年五月

近松原作

○『大久保彦左衛門』　同　年九月

○『新七ツ面』　同　年十一月

○『日蓮記』　同　二十七年五月

○『互疑惑』　同　年七月

○『海陸連勝日章旗』　同　上
○『向井将監』　同　二十八年二月
○『帝国万歳上野賑《にぎわい》』　同　上
○『吹取妻』　同　二十九年六月
○『二人景清』　同　年十一月
○『入鹿御誅戮』　同　三十年一月
○『あはれ浮世』『レ゠ミゼラブル』翻案　同　年同月
○『侠客春雨傘』　同　年四月
○『風流扇手拭』　同　年六月
○『大森彦七』　同　年九月
○『新作夜の鶴』　同　年十月
○『時平公七笑』　同　年十一月

並木五瓶《ごへい》原作

○『敵討護持院ヶ原』　同　三十二年一月

○『鵺《ぬえ》退治』　同　年四月

○『双面忠義鑑』　同　年九月

○『義経源氏鑑』　同　年（未刊）

○『女弁慶』　同　三十三年七月

○『玉藻前《たまものまえ》祈の段』　同　三十四年一月

○『芳哉義士誉』　同　年十月

○『蛛振舞』　同　三十五年五月

○『山中平九郎（葵上切限段）』同　上

○『花盛劇楓葉』　同　三十六年三月

○『女俠《おんなだて》駒形お仙』　同　年五月

○『小　楠　公』　同　年十月

以上の著作脚本は、自然前後にわかれ、明治三十年の『俠客春雨傘』までは、大よそ史劇・時代劇が多く、それ以後は世話物が多くなった。これは、源一郎の作劇術の進歩を物語るものであろう。そうして、その世話物は、まだ逍遙のいう純粋の性格劇とはなっていないけれども、叙事詩劇の範囲から一足ふみ出して、性格劇めく特色を示すに至っているのが、注目されてよい。彼の脚本著作は、大体明治三十六年で途切れているが、これは団十郎の逝《い》った年である。彼の落胆や察すべきものがあったろう。

2　小　説

源一郎は、小説の興味も西洋からもってきたというが、小説の方は、西洋に行く前、日本・中国のものに多少の興味があったとし、西洋に行ってから、戯曲・

演劇の興味が高まるにつれて、この方の興味も高まったというのであれば、これは、その通りであろう。しかし小説の場合は、戯曲・演劇とちがって、必ずしも一流の傑作を手にしたというのではなく、流行ものにまかせて、大衆のもてはやす面白い小説を主に読んだものであろう。ユーゴーの『レ゠ミゼラブル』の初版を買ってきたなどということは伝わっているが、そのほかに彼地の文壇文学とそう深い交渉をもったことはなく、読んだのはスコット・リットン・デュマなどの作物が主であったらしい。やはり初期の読者らしく、筋の面白い小説を好んだものであろう。しかし文学思想的理解はあり、ロマンスとノベルの別のあるほどのことは心得ていたという。

そういうことで、あとで自分で小説の筆をとるようになってからも、これは大体衣食のためと考え、小説改良などということは志さなかった。もっとも、明治維新の前後、西洋から帰った直後あたりは、やはり西洋小説の面白さを盛んに説き立てて、魯文などに奮発させようという気持もあったかも知れないが、やや落ちついてからは、円朝の人情話などの種子を授けるぐらいで納まっていたろう。しかし彼の頭の中が始終小説と縁がつながっていたことは、東京日日社を退いたあと、すぐさま小説家に転進出来たというのでもわかると思う。そのころは、逍遙・二葉亭が出て革新を唱えたあとであり、源一郎自身、五十に近い中年の身で若い連中と文壇に新らしさを争うなどという野心もなかったから、政治論文の代りに衣食のために書くとあきらめて、まず大衆相手と覚悟してかかったらしい。

文壇に野心なし

しかしそうはいっても、ただただ大衆相手というのでは、筆に興が乗らなかったと見えて、何の小説にもインテリ読者に訴える一ト筋をもっていたものである。

源一郎の小説は、分類すればおよそ三種になろう。その三種というのは、およそ書き出した順序によって、まず諷刺小説、次にロマンス風のもの、次に歴史小説、このほかに翻訳物が（戯曲も入れて）少しある。左にその名をあげておくが、その前、小説としての特色を一つ二つ語っておこう。

小説の特色

源一郎の小説の特色は、全体として演劇的段取りから出来ている。筋もそうであるが、人物の運び、動き方もそうである。諷刺小説は別であるが、ロマンスと歴史小説は、やはり叙事詩的に筋のもり上げを主にしている。

諷刺小説

初めの諷刺小説は、作に手なれないところもあり、戯作《げさく》的で、暴露的で、人物も筋も道化《どうけ》たところが多いが、そうした形式的なところを離れて内容に入ると、半生の経験になる世故《せこ》人情の解剖は、実に面白い。政治論争の時期には、四角張った義理に束縛されて生きてきたのであるが、今や政治を離れ、義理を脱《ぬ》けてみると、世間の真の姿も自分のこともよくわかる。彼の諷刺小説は、そこから生れた自嘲小説であり、道化小説であり、警告小説である。長いこと腹にたまった不平不満を存分うちまけたものが、その諷刺小説である。従って文壇小説とか、美の哲学とか、文学の理想とかいうものを問題にしないで、あくまで世故を経た老輩が世間を裏返しにしてみせたものと見ると、それはそれなりではなはだ面白い。彼は、ただの世間の裏返しにとどまらず、思いきって政局や藩閥元老の裏返しまで書こうとしたが、これは伊藤・井上から止められたので、そこまではいかなかった。しかし政治家・会社・金持・花柳社会、人間の欲の固まりの集まるところは、必ずその眼を向けて、諷刺的・ユーモラスによくえぐっている。文壇的の格に入らなくても読むべきものといってよい。その主なものをあげると、

○『もしや草紙』　明治二十一年九月
○『煨芋の煙』（中絶）同　年十一月
○『色と欲』　同　年十二月
○『外国巡礼』（中絶）同　二十二年一月
○『仙居の夢』　同　二十三年七月
○『都見物』　同　年八月

○『陰陽大和錦』　同　年同月
○『滑稽素人芝居』　同　年九月
○『花　懺　悔』　同　年十月
○『嘘　八　百』　同　二十五年一月
○『田舎めぐり』　同　年二月
○『嘘　世　界』　同　年九月
○『桜　痴　放　言』　同　年十一月
○『浄　玻　璃』　同　年十二月
○『色欲二筋道』　同　年同月
○『新浮世風呂』　同　二十六年四月
○『夢が夢中』　同　二十七年四月
○『偽称紳士』　同　年五月

○『怪　物　屋　敷』　　同　二十八年三月
○『伏魔殿前編』（『怪物屋敷』改め）　同年九月
○『同　後編』（『嘘の世の中』）同　年十月
○『両面仮与真』　同　年十二月
○『秘　密　機　関』　同　三十年一月
○「大　策　士」　同　年六月
○『世はさまぐ』　同　三十四年十一月

ロマンス風小説

大体以上が諷刺小説とする。次のロマンス風のものは、こまかくわけると、やはり三つになるが、まるきり種子のない創作と思えるもの、種子（世話的・歴史的）のある創作と思えるもの、西洋物の翻案、これである。しかしここではその三つを一々書きわけるのも面倒であるし、書き分けにくいものもあるから、皆同類として並べておく。

○『八重の汐路《しおじ》』　明治二十三年十月
○『武《む》蔵《さし》鐙《あぶみ》』　同　年十二月
○『筑紫の荒浪』　同　二十四年九月
○『三人武士』　同　年十一月
○『誰《たが》故《ゆえ》爾《に》』　同　年同月
○『練《ねり》絹《ぎぬ》新三郎』　同　年十二月
○『迷の夢』　同　二十六年四月
○『葵《あおいの》御紋』　同　年六月
○『森家押領』　同　年七月
○『御落胤』（『岡村掃部』）　同　年九月
○『唖の涙』　同　年十一月
○『乱《みだれ》初右衛門』　同　年同月

○『秘密手匣《てばこ》』　同　年十二月
○『侠客春雨傘』（小説）　同　二十七年一月
○『放れ葵』　同　年三月
○『花の扇』　同　年四月
○『尼法師』　同　年九月
○『清水隼人』（『唖の涙』）　同　二十八年四月
○『張嬪』（井上角五郎原稿）　同　年十二月
○『悪因縁』　同　二十九年二月
○『岡村掃部』　同　年七月
○『出雲阿国《おくに》』　同　三十年三月
○『新作夜の鶴』　同　年十月
○『斬奸』（『民人の為に』）　同　三十一年十一月

○『みだれ焼』　同　三十三年一月
○『薄命の花』　同　三十四年一月
○『廻る因果』　同　年四月
○『女浪人』　同　三十五年三月
○『海老名正宗』　同　年十月
○『女壮士』　同　三十六年十一月
○『小幡山』　同　三十八年六月

まずこの辺として、さて第三の歴史小説であるが、以上第二に分けたものの中にも歴史小説めくものはあることはある。だが個人関係の創作分子の多いものや、必ずしも歴史的事件を描いたといえないものは、強て第三に入れず、第三は、歴史小説という性格のはっきりしたものばかりとってみた。勿論仮の分類であるから、これはこれでよいと思う。

○『山県大貳』　明治二十五年四月

○『天竺徳兵衛』　同　年十一月

○『水野閣老』　同　二十六年四月

○『義経仁義主汗』　同　二十七年九月

○『大久保相模守忠隣』　同　二十八年一月

○『鳥居甲斐』　同　三十年一月

○『山陰麒《き》麟《りん》』　同　三十二年八月

○『車善七』　同　三十四年六月

○『扇の的』　同　三十五年一月

○『木曾最期』　同　年同月

○『烏丸光広卿』　同　三十五年七月

○『元寇物語』　同　三十七年五月

○『鎮西対外談』　同　年七月

大抵大丈夫だと思うが、古い記憶で分類しているので、あるいは一つ二つ脚本と小説とまじっているのがあるかと思うから、それは、よろしく諒として頂く。戦争のあと、蔵書が一切焼けて、一々原作を検していられないので、やむを得ない（この分類では、昭和女子大学の『近代文学研究叢書』八の中の目録に大いに厄介になった）。

なおこれらの歴史小説は、創作的分子が少ないものが多いので、あるいは筋の興味は薄いかとも思うが、その代り史実の踏え方が、実にしっかりしている。ただ終りの二大作は、時局柄幾分政治的分子が入るので、これは創作的分子が多く、興味も濃いものとなっている。この二作は、この種の傑作の中に入るものであろう。なお全体として、源一郎の歴史小説は、あとの塚原渋柿《じゅうし》のそれに面影を残しているところがある。

以上三種のほか、翻訳が少しあるといったが、

○『昆太利物語』　明治二十年七月

ビイコンズフィールド『コンタリニ＝フレミング』（塚原靖共訳）

○『春雪《はるのゆき》瑪利《メリー》御最後』　明治二十一年二月

シルレル『マリア＝スチュアルト』―脚本

○『春《しゅん》鶯《おう》囀《てん》』　明治十七年　月

ビイコンズフィールド『コニングズビイ』

これは関直彦訳で、源一郎は文章の校閲だけをしてやったという。

数は少なくても、源一郎の訳物では政治小説めく『コンタリニ』が歓迎され、殊に青年からは喝采《かっさい》されたらしい。北村透谷《とうこく》がこれを読んで大きな感銘をうけたことは、周知のことである。

3　歴史物

源一郎は、自分は歴史家が本領で、小説も戯曲も、正直にいうと本領というのではないといった意味のことをたびたびいっているが、これは、ある点まで正直に受けとってよいのではないか。戯曲の方も小説の方も、以上に見られる通り相当以上に豊富なのであるから、その点で別に卑下するに及ばぬのであるが、しかし彼に衣食の心配なく研究・執筆させたなら、もっぱら歴史の研究、殊に幕末以来の近代の歴史に精神を打ち込んだかも知れない。

源一郎の歴史好きは、遺伝もある。環境も教育もあって成立したもので、実はこの歴史好きの心が転じて文学好きとなり、戯曲・小説好きとものびていったのかとも思う。父石橋の歴史好きは、前にいった通りであるが、これはただの素人的好みを通り越して、述作の志があったようである。師の長川東洲の歴史好きは、その『日本外史』研究でも知られる。その熱心さはいうまでもなかろう。そのほか、塾友・朋輩《ほうばい》などにも歴史好きがいたらしく、歴史論・史的回顧めく詩文もあるから、彼の周囲に歴史的な空気があったことはいうまでもなかろう。

歴史癖

「記事本末」

その辺のことを詳しく探ることは、今は略すとして、彼の歴史癖は、その新聞記者時代に早くも出ていた。それは、毎年の年末に、その年の「記事本末」というものを何回か書いて、その一年の歴史的しめくくりをつけるのをつねとしていたことである。これは、読んで面白いばかりでなく、今でも参考になる。そのほかに、一々あげないが、政府で歴史を作るべき議論を、新聞紙上でたびたび主張している。公平な歴史を作る、政府が作るからといって、官のための歴史だけではいけないので、近代なら幕府の立場も考えたものにしなくてはいけないというのである。これも、もっともなところであった。

「東京日日」の退社後、あるいは歴史に行こうかという考えも多少あったものか、一‐二この述作が見えるが、別の因縁で、つい戯曲革新・演劇改良の方に深入りしてしまったので、歴史の方は、しばらく御無沙汰となった。ところが、二

『国民の友』に関係

『幕府衰亡論』

十年代、徳富蘇峰の『国民之友』と関係が深くなるにつれて、自家の経歴を中心に幕末の歴史風の回顧録をつづけて載せている中に、ついに二－三の著作が出来た。それが、有名な『幕府衰亡論』その他である。これらはしかし、要するに正史ではなく、見聞録にすぎないので、その立場があり、そこに立って読まなくてはならぬ。例えば、幕府内の事情は、水野筑後守(癡雲)から聞いたものが多く、従ってその好悪が入っている。井伊大老や勝安房などをあまりよくいっていないのも、その辺から出てもいよう。比較的公平で、面白く出来てはいるが、それはその見聞に関した限りのことで、これで十分な幕府衰亡史とはいえない。ただ幕府側から見たよい資料の一つということであろう。歴史家としての源一郎を論ずるとすぐ、ギボン・マコーレーに比して云々するが、これは源一郎の方でこれらの史家が好きであったというので、彼の書いたものにそれほどの気迫があったというのではない。現に文章にしても、マコーレーとはかなりちがっている。マコーレーの才華の滔々たる華やかさは、源一郎の老成した流暢とは大いにちがう。ただ、マコーレーの漸進的・客観的な態度は、源一郎の学んだところであろう。

源一郎の歴史的著作をあげてみれば、

歴史的著作

○『尊号美談』　明治二十年十一月
○『久光公記』　同　年十二月
（二十一年八月、単行）
○『幕府衰亡論』　同　二十五年十二月
○『懐往事談』　同　二十七年四月
（附「新聞紙実歴」）
○『維新の元勲』　同　二十八年四月（『太陽』一巻四号）
○『幕末政治家』　同　三十年十二月（単行、三十一年一月）
○『高島秋帆』　同　三十一年十月

○『孔　夫　子』(非売品)　同　　年同月
○『赤　穂　義　士』　同　三十五年三月
○『長崎三百年間』　同　　年十月
○『第九代市川団十郎略伝』(非売品)　同　三十六年十一月
そのほか、歴史小説中にも、歴史物そのままといえるものがいろいろ見える。例えば『鳥居甲斐』などがそうといえる。

渋沢栄一は、明治二十六年になって、源一郎の晩年の歴史事業として、『徳川慶喜公伝』を編纂する案を立て、人を雇って資料を集めたが、このころは、源一郎が演劇の方に忙しく、また雑事がいろいろあって急に筆がとれず、つい延び延びになってしまった。そうして、いざ取りかかろうかとなったころは、源一郎がもう病気でどうにもならず、そのままに終った(源一郎の死後荻野由之博士の手で完成)。

またこの計画とは別に、源一郎が「日出国《やまと》新聞」に拠ることが出来てから、自発

徳川幕府史の著作（未完）

的・他発的半々で、大掛りな徳川幕府史を書く案を立て、その出来た部分から新聞に載せることにした。現に同新聞には載っているところが大分ある。しかしこれはあまり案が大きすぎて如何ともならず、やはり未完のままで歿した。源一郎が本気でギボンやマコーレーを学ぼうとしたとせば、このときであったろう。

以上の著作中、『孔夫子』というのがあるが、これは珍本といえば珍本、内容の孔子観も余ほど変っていて面白いものである。

4　日本戯曲の大理想

源一郎は、西洋戯曲・西洋演劇の興味からこの道に入ったことは、上にのべたが、さればとて彼は、演劇なり戯曲なりについて西洋一辺倒の思想をもってはいなかった。門生榎本破笠《はりゅう》の語るところによると、彼は演劇を口にするたびに、日本を知れ、日本を知れといい、日本の人情、日本人の理想を知らなくてはよい演

西洋一辺倒でない

日本を知れ

劇も作者も出ない、といっていたという。そういう源一郎の戯曲理想の一端として、この一文を、原文のままここに掲げることにしよう。名作『壇浦兜《かぶと》軍記』の中、阿古屋琴責めの一段に対する彼の批評をのべたものである。彼が東京大学の教授方の前で講演して大喝釆を博したものというのは、恐らくこの一段の批評ではなかったか。初め「日出国新聞」（明治三十三年十一月三日、もとの天長節の日）に掲げられ、好評で、方々に転載された。

　正直をいうと、音楽で人心を測知するというのは、東洋では昔から伝わっていることで、『楽経』などというものもあるが、例えば司馬遷《しばせん》の『史記』、田敬仲世家の中に、斉君《せいくん》が騶忌子《すうきし》という人物と琴声を論じて時政の善悪に及ぶところがある。源一郎は読書家でないといっているが、『史記』を読まなかったほどの人物ではなかったろうが、たまたま世家《せいか》には及ばなかったものであろう。しかしそれがあっても、阿古屋琴責めの一段は、よく出来ている。源一郎が日本戯曲の大理想がそこに寓されているというのは、過褒《かほう》かも知れないが、音楽と人心の関係は、学問的に進んで、あるいは将来源一郎の見る通りになるかも知れない。ともあれ、日本戯曲を読んでこうした論を立てた人は少ないので、その本文を読んでもらうことにした。

誰れか日本の詞賦《しふ》に大々的の理想なしと云ふ。壇浦兜軍記琴責めの段の如きは、空前の一大理想を以て、之れを将来に実行し得べきの証例を示したるものに非ずや。松田和吉・長谷川千四の両傑が、此の劇を作りて世に公《おおやけ》にしてより、幾《ほとん》ど二百年に成りなむとす。而して、今日に至るまで学者文士の間に於いて、曾て一人の、此の偉大雄渾《ゆうこん》なる理想を啓発せざるは、何んぞや。蓋し、彼れ学者文士は、初めより、我が国の院本詞賦を軽視して、意を注がざる故か。抑《そもそ》も、耳を貴びて目を賤むるの習ひとて、徒らに、支那若しくは、欧洲の文学をのみ崇拝して、詞賦の理想は我が国には皆無《かいむ》なりと謬視《びゅうし》せるの故か。はた、其の思念の周密ならざるが為めに、是れを啓発するの識を欠けるが故か。何ににもせよ、自家の醤油の美味を知らで、隣家の糂駄《じんだ》味噌を羨《うらや》むの状なきを免れざるは、実に憫笑《びんしよう》の至り也。余不敏《ふびん》と雖も、請ふ、彼の諸氏の為めに、琴責めの一大理想を開陳せむ。此の琴責めの劇は、諸氏も知らるゝ如く、平家の遺臣悪七兵衛景清、源二位を南都に刺《さ》さむと企て、事敗れて京都に走り、更に逐電《ちくでん》して其の蹤跡《そうせき》を晦《くら》ましたりければ、景清が情婦阿古屋を、六波羅の検断所に召喚し、屢〻《しばしば》之れを鞠問《きくもん》す。然るに、阿古屋は、真に、景清が行方を知らざるに因り、其の由を陳ずれども、検断所の法官岩永宗連これを信ぜずして、遂に拷問《ごうもん》の呵責《かしやく》を以て、其の実を得むと欲す。同じ法官の畠山重忠、代りて阿古屋を糺問し、楽器を出して、阿古屋に三曲を弾奏せしめ、静に是れを聴いて、阿古屋が無辜《むこ》を察知し、免訴の申し渡しを為すと云ふ脚色なり。（中略）

此の宣告に、同席の岩永宗連、大に疑問を発したるに、重忠之れを弁明して曰はく、「オヽ、其の仔細言うて聞けむ。鼓は五声に通ぜずと雖も、糸竹の調《しらべ》は五音四性に善く通じ、直を以て調子とす。曲り偽る心を以て、此の曲をなす時は、其の音色乱れ狂ふ。就中《なかんづく》、この琴、音あるもの丶司《つかさ》として、人の心を正しうし邪《よこしま》を戒むると、白虎通《びやつこつう》に記し置きたり。此れを以て、重忠が女の心を引き見る拷問、十三の糸筋に縛り搦めて、琴柱にくゞめ、科《とが》の品々、一より十まで問い吟味するを、僻事《ひがごと》とは申されまじ。又た、琴の形を竪《たて》に見れば、漲り落つる瀑《たき》の水、其の水を加ふる心の水責め。三味線の二上りに、気を釣り上げて天秤責め、胡弓《こきゆう》の弓の矢柄責めと、品を替へ責むれども、いつかな乱る丶音響もなく、調子も時も、合手の秘曲を尽くす一節に、彼れが真実は顕はれて、知らぬ事は知らぬに立つ。調を正して聞き取つたる詮議の落着、此の上にも不審あるや」とは、実に音楽の妙用を知り、人心の真偽は、音楽の外に逸し去ること能はざるの真理を闡明《せんめい》したる一大理想なり。是れ、此の著作者たる両傑が、其の平素、心裡《しんり》に貯へたる所を顕はして、以て、将来、裁判は正に斯《かく》の如くならざるべからず、寧ろ、此の極点に達せざるべからざるを、予言したるものなり。

此の琴責めを作りて世上に問ひし時は、如何なる時にてありしと思ふか。第十八世紀の始めにして、我が日本帝国は、徳川幕府の盛時にして、武政の治下に在りける頃なりき。徳川氏の心を民刑の裁判に用ふるの周密なるは、恰《あたか》も、此の時節にして、今に至るまで、享保の治を称せり。然れども、其の治罪法は、「当人の口書爪印」とて、仮令《たとえ》明白なる証拠ありとも、其の刑事被告人の口より、自ら其の事を陳述し、口供完結《かんけつ》するに非れば、罪を判決し、刑を宣告し得ざるの制なりき。是れに由《よ》りて、罪人中には、往々之れを奇貨《きか》として、口供せざる者あるを以て、法廷も、亦た、この口供を為さしめむが為めに、止むを得ず拷問の呵責を加へ、是れを笞《むちう》つて実を吐かざれば、或は是を梁《はり》に釣《つる》し、或は石を抱かしめ、種々の拷問をなす。即ち、重忠が語中の天秤責め、矢柄責め等の如き、事実に行はれたる拷問手段なりしなり。此の拷問は、享保の治罪法にては、幕府は、これを、「犯罪の事実、証拠分明なるに付き、猶ほ口供せざる者に用ふ」と定めたれども、法廷にては、是れに限らず、犯罪の嫌疑を以て、無辜《むこ》の人民を捕縛し、其の事実を吐かしむる為めに、頻りに拷問を行ひて、其の人を呵責すること盛んに行はれて、拷問の濫用は、日本全国到る処に常観たり。而して、此の拷問は、明治の初めまで実行せられ、法廷が之れを全滅したるは、二十余年来に過ぎざるなり。明治政府は、此の拷問法が、旧日本の野蛮政治の遺習たるを知り、法律の則を欧洲開明の現法に取りて、更新の大改善を実行し、今日証拠裁判と成されたるは、寔《まこと》に新日本の大慶たる、誰れか是れを疑はむ。

然れども、若し、夫れ、裁判に証拠を重しとし、法官の心証を次とする日本に於いても、欧米諸国に於いても、今日の如くなるを以て、聴訴断罪の最上極点なる乎《か》と問はゞ、未だ然らずと答ふるは、余が私説にあらず、文明諸国の大学者・大政治家が、往々にして明言する所たり。現行の裁判法には、証拠の為めに誤判を招くの欠点あるは、歴々、欧洲大家が其の踪《あと》を挙示して痛論する所なれども、然らば、如何にして之れを矯正し得べきかと云ふに至りては、未だ完全の方法を、今日に案出するを得ざるなり。但し、法廷に提出する証言には、巧みに其の跡を縫合し、旨《うま》く其の事を模糊《もこ》し、以て、法廷の聡明を誤惑し、法官の心証を左右するの事実あるにもせよ、原被両造の声調に至りては、其の実を掩ふこと能はずとは、是れ、老練なる法官の言ふ所なり。其の声調の極所は、音楽を外にして、余は其の所在を知らざるなり。是れに由《よ》つて之れを観れば、和吉・千四の両傑は、当時の拷問に、無辜の冤枉《えんのう》を憤慨して、法律の改善を望み、頻りに其の思想を進め、遂に其の思想に浮び出でたる証拠裁判をも、未だ足らずとして、更に昂進して、声調を視察するの極所に達し、音楽を聴いて裁判する、一大理想を起し、更に、重忠をして、是れを阿古屋の獄に実行せしめたる者也。此の声調を聴いて断訟するの事たる、第十九世紀には行はれざりしも、第廿世紀には、其の行はるゝの期あるべき歟《か》。少なくとも、声調に重きを置くは、現に行はれつゝあるに非ずや。今日、我が国の学者が、争ふて崇拝するなるセーキスピール・ギョーテ・モリエールの諸家の名作中、この琴責めの如き、雄渾《ゆうこん》偉大なる者ありや。此の琴責めの如き、絶大理想を以て、真理を将来に闡明《せんめい》せし者ありや。蓋し之れあらむ、余は未だ之れを知らざる也。はた、琴責めの詞賦の上乗《じょうじょう》たるが如きは、他日を待ち品評すべき耳《のみ》。

（原題「日本詞賦の一大理想」）

5　桜痴の愛読書

『国民之友』第四十八号附録「書目十種」より抄出、明治二十二年四月二十二日発行。

（前略）実は読書が嫌なれば別に愛読するの書なく、沢山に読だ事が無ければ是と云て採択するの書も無レ之候。乍《さりなが》レ去、嚙《かじ》り読たるを読だものとして申上候へば、多分左の如くに可レ有レ之候。

平家物語　　藩翰譜　　五代史　　水滸伝　　田舎源氏　　弓張月

ギッボン著羅馬帝国衰亡史

アレキサンドル＝デューマ　小説　但英訳

シェーキスピヤ全集

シルレル全集　但英訳

此外には

さごろも　八犬伝　西廂記《せいそうき》　公羊伝《くようでん》　土佐日記　八笑人

好逑伝《こうきゅうでん》　韓非子《かんぴし》　浮世風呂

リットン卿著ラストデー・オヴ・ポンペイ

リットン卿著諸劇集

ヴォルテール　査斯《シャルル》十二世（伝）

モンテスキュー　羅馬衰亡史（論）

（この二書はフランス語勉強の記念であろう）

野生が読むを好まざるは政治書、其他学術の書なり。詮方なく読みはすれども、決して嗜好に非ず。哲学書・詩集・歌集・文集は最も嫌なれば読みたることは無レ之。世間には野生が少年の時に後《ご》漢書《かんじょ》を愛読したるよし申候趣、決して然らず、後漢書は嫌に御座候。支那の歴史を愛読したるは、五代史の外は、史記だけなり。要するに議論の書物は嫌で御座る。好む者は歴史・小説・院本に御座候。夫《それ》にては余り思付が無い様なれ共、実情なれば仕方は無レ之候。御一笑奉レ希《ねがい》候。

青年文学会

6　文章の秘訣（要略）

（明治二十四年七月、『青年文学』第四号所載、恐らく同年五－六月同席上、神田錦城学校において）

今日は初めて御依頼で出まして、皆さんにお目に懸ります。承れば青年文学会で皆さん御勉強だそうで、どうぞマア諸般の学科もありませうが、その間々《あいま》には文学のことは充分御勉強を願ひたい。ト謂つて文学と謂《い》ふ文字の中は、至

口で言う事を文字で現わすことは誰にでもできるとは限らない

文章を学ぶことはむつかしい

つて意味が広う御座いますが、只今演説する所の、此の文章、それ丈のことは一通り御勉強願ひたい。アナタ方が幾ら学問が出来ても、口で言ふことが出来ず、手で書くことが出来なければ、折角の学問が用を成さない。世の中に、自分の思ふ事を口でいふ、口で言ふ事を文字で現はすことは、誰でも出来ると考えている人が多いが、実はタントありません。この源一郎当年五十一歳であるが、今もつてそれが充分出来ない。それで苦しんでいる。諸君が苦しんでいないといふなら、それは文章を知らぬのだ。これは御同然勉強したいと考へる。

さてまた文章を勉強するといふと、口では容易《やさ》しい。然し実はむづかしいので、学べば学ぶほどむづかしい。思想も簡単、社会も簡単であつた昔でさへ、文章は人間畢生《ひつせい》の難事としてある。まして社会が複雑になり、事物はウルサクなつた。その中で文章で書き現はすといふのは、大きにむづかしい。終身の難かしい事と覚悟をして御勉強なさい。

懺悔談

　さてまた文章といふのが、書いていると面白そうであるが、実は苦しい。面白いどころではない。それについて懺悔談をします。

　私も幼少の折柄学問をした。それからまア漢文見たやうなものを書いたり、詩を作つたりして、丁度四十年前に書生のするだけのことはやつた。そのころは何か若蔵が文章が旨《うま》いとか、一寸書けるとか、所謂《いわゆる》郷党の誉をとつたものでした。十九で幕府の役人になつて、通弁や翻訳をしたが、これが実地の文章の書き始めだ。これは幕府の潰れるまでつづけた。御維新も、浪人しても物を書いて過し、それから又役人になつても、やはりものを書いた。それから明治七年に新聞記者になつた。そうして物を書いて、一昨年まで殆んど三十年間物を書いてゐました。幕府時代、役人時代は、コチラは物を書く器械になつてゐた。それから新聞記者時代、これがまた自分の思ふ通り書いてみようと思つても、書いてみると、なかなかそうはいかない。始めは妙論だと思つて書く、然しあとで思へば拙《まず》かつた。といつて、直すことが出来ない。瘠我慢と負け惜みでごまかす。それを二度と三度とやると、自分の書いたものが正しいように思ふ。つまり自分を欺《あざむ》くのです。そうして相手があつて議論をしてゐるのですから、書く中にどうしてこれをひつくり返そう、こう言つて瞞着《まんちゃく》してやらう、何のかんのと、その腹の中の苦しみは大変なものです。私は新聞記者を十年もその余もしてゐたが、一度も面白いと思つて書いたことがない。その筈だ。第一に書く当人の了見が、先づ政治社会、政治論の奴隷になつてゐるのだ。そうなつて見ますと、書く文章も、学問も、智慧も、智識も、何もかも、此の政治社会の奴隷と成ッた。考へを表はして勝《かと》う〳〵といふ機械です。その頃は善いと思つた。それで善いと思つた。此の一舞台が済んだあとで、以前の書いたのを繰つて見ると、イヤ鼻持がならぬ。懺悔すると沢山ある。ある中、此の間決して文章が面白いといふ事を知らなかつた。唯智慧と学問とを以て喧嘩に勝う勝うとのみ思ふ。世間の人がよく面白いといふ、何が面白いか、こんな苦みはありやしないと、私は真に思つた。

さて三年前に、政治を書くのを止めて、これからは小説を書かうか、芝居を書かうかと、心を始めて文学の世界に転じてみると、成るほど面白い。それより以来殆んど二年、今日までも私が、或は芝居を書いてみたり、或はつまらぬ小説を書いたり、或は滑稽で世の中を馬鹿にしたりしてゐる。大した利はなからうが、毒にもならぬ。政治の場合とちがう。実をいへば、四五年以来、私は文章について発明したことがある。自分で、これではいかんと心付いて、文章を書く心得方を取換えた。そう取換えると、大変文章を書くのが楽になつたのです。私の発明といふのはたつた一言で、ドウ書いたら人が分かるだらう、これだ。これだけだ。すると、誰もそれを聞いて、そんなことなら、おれも知つてゐる、彼も知つてゐるという。成るほど知つてはゐる。然し知つてはゐるが、

文章を書く心得方を発明

書くときになると、その心通りにはいかない。それは、他物に制せられるからで、その他物とは何ぞやというと、学問を自慢したい、文章を巧く書きたい、この望みであります。この二物が来て、左右から、その心を引つ張る。世間からは無学と思はれたくない。文章の拙い奴といはれたくないといふのだ。そこで学問を衒《てら》う、サラリとした文章はやめて形容詞沢山につける。世間ではまたそれをほめる。そうなると、折角政治の奴隷から脱け出したものゝ、文字文学の奴隷となつてしまう。苦しいことは、同じことです。そこで今度は、そこを脱けないと、人に分かるサラリとした文章は書けないといふことになります。

文章の秘訣

さて、これからいよいよ文章の秘訣といふわけだ。だが、その秘訣を伝える条件として、先づ学問自慢をしない、決して文章を巧く書かうと思ふまいといふ二ケ条をよく守つていただかなくてはならぬ。

さて文章は、書くものが第一なくてはならぬが、それが頭の中で固まつたとして、さてめいめいに、おれは学者であると信ずる、学者でなくても、無学者ではないと信ずる。自ら信ずるのです。それから、そのおれが筆をとつて書けば、必ず文章をなす。ただ筆をとつて書きさへすればよい。骨を折らなくても、おれの書いたものが文章となるのだと信ずる。学問を衒つたり、文章の書き方を巧く工夫したりする必要はないのだ。こう安心して自信をもつ。するとあとは、ただ一つ、自分の考へを人に分からせるといふことたゞ一つになります。たゞ分からせるといふ一点に頭が集注する。こゝに至つて始めて本統の文章が出来るのです。人に分かるものが書ける。学問も文体も用語も考へなくてよろしい。わが思ふまゝ、文体用語、みな思ふまゝでよろしい。唯一意に分らせやうと云ふ積りで、ドウ書かうが、己の心の思ふ通り、聞く通りのことを書いて御覧なさい。必ず其の文章は、結構の文章と思ひます。今日はやつている世間のおかしい文章に優る万々であらうと思ひます。右について、私の只今書いて

本統の文章

いる文章がその通りのものでありますが、思ひの外骨が折れず、事を尽し、事を述べ、景を叙するにおいて、遙に以前の虚飾のベラベラ文章よりは、我身ながらも良くなつたと思ふ。そうして書くには、学問を銜ひ、文章を銜ふといふ二つを排除したので、心易く書ける。それが本統の文章というものです。始めが政治の奴隷、それから文学の奴隷、この二つの奴隷をぬけたら、本統の文章が書けるようになつた。これが私のお伝へする文章の秘訣といふものです。源一郎が五十年の経験を申上げたのだから、採るに足ると思はれるならやつて御覧なさい。必ず書きよくなる。事を悉《つく》し、事を述べ、景を叙するにまことに容易で、人にも分り易くなります。今日の如くに唯学問を自慢し、文学を自慢するのみでヤツてみたなら、学問は幾ら進んでも、文章はみすみす退歩しやうと思ひます。（略）

附録第二　批評　二篇

1　自評

「自伝」

以上、伝記の本文にしばしば引用して来た「自伝」なるものは、私は便宜上、野崎左文氏の『私の見た明治文壇』から孫引き的に使ったのであるが、実は、明治三十六年一月、源一郎が歿したとき、「東京朝日」がその全文を掲げて生前の功績を弔ったものである。本文十回、その十回の最後に自評が一回ある。これが真に面白いので、それをまず掲げるとする。必ずしもこの通りとは受けとれぬが、中《あた》っているところも多くあろう。曰く、

福地は不才子

世間にて福地を才子と思ひ大に畏《おそる》れども其実は才子に非ずして不才子の方な

り。敏捷と云ふよりも寧ろ遅鈍《ちどん》の方なり。○権謀術数に富むといふも実は至て不得手なり、性質淡泊にして隠微は嫌ひなり。但し勘弁強き男なり。○学問は迚《とて》も学者の地位に立つこと能はず。漢学も一ト通りなり、英学も同断なり。文章も三十才頃までは詩文も少〻出来たれども今は一切之を廃したり。唯文は達意を旨とせり、今日の流行文章は実は福地が書き始めたるものと云ふべし、其の文章は之を西洋文より得来れるなり。○或る小伝には福地は後漢書が大好きと見えたれども実は大嫌ひなり、支那の史類にては五代史が好きなり。英文の史類にてはギッボンの羅馬衰亡史を読むを好めり。一体の文はマコーレーを見本とすると云ふ怪しきものなり。○楽しみは読書と談話なり、談話は相手を嫌はず何の話にても面白し。書も其通りなり、故に学問は博く雑駁なり、其中にて稍《や》や心を委《ゆだ》ねたるは経済学と外交学なるべし。談話の最も好物は子供の時の話なり、竹馬の友に遇へばつまらぬ子供の時の話に

楽しみは読書と談話

怒る事は稀

福地の短所

時の移るを知らず、故に一旦交りを結びたる上は人と中違《なかたが》ひをなしたる事なし。○怒る事は最も稀なり、腹が立てばヂッと我慢して居れば其儘直るなり。蓋し年少の時には敏捷にて記憶もよく喜怒の甚しき男なりしが、三十才頃より凡て其性質を一変したるは艱難の経歴を得たるが故なるべし。○議論には是非利害を明晣《めいせき》にしながら一身を処する上に於て常に誤まる所あるは福地の短所なり、是れ所謂人情にからまる故なり。現に今日の廟堂貴顕は其知己なれば何分これに背《そむ》くに忍びず、僕は情誼《じょうぎ》の為めに自説を枉《ま》ぐる事もありと云へり。○薫陶《くんとう》はその長ずる所にや、日報社にて福地の薫陶を得て立身したる人々多く、末松謙澄・久保田貫一・池上三郎・海内果《うみうちはたす》など皆その人なり。○書も甚だ学びたるに非ず、長崎にて幼年の頃手習ひしたる迄なり。但し父が書を善くしたる故に或は遺伝にや。○平家を語ることは名人なり、聞いて面白くない丈けの事なり。

2　三宅雪嶺の福地桜痴論

○福地源一郎氏（才を用ゐるの困難）

才は難《か》たし、之を用ゐること一層難たし。多才多能の士にして自ら用ゐるの宜しきを得ず、小才と択ぶなきに終はること、勝《た》へて計《かぞ》ふべからず。万能余りありて一心足らざるの語、時として適中するを見る。蓋《けだ》し人は能不能の別あるも、勉めて怠らずんば何程か成就すべく、特に生れながら才能を具ふる者は勉めずして常人に超出するを得べきが、随て世に一種の能者あり、或る一事に着手して思はしからず、則ち去りて他に赴き、尚ほ又た思はしからず、更に去りて他に転じ、其の転徙《てんし》する間、一々嶄然《ざんぜん》として頭角を露《あら》はさゞるあらず。かくて一事に定住せず、絶えず変化し廻はるは、其の人の自由意志にして、実に好機会に遭逢《そうほう》する所以《ゆえん》なりと雖も、其の最も不幸とすべきも亦た此《ここ》に在るを忘るべからず。

昨は東、今は西、往〳〵として可ならざる無きは、夫《そ》れ丈け才に富めるに相違なく、庸人《ようじん》の企て及ぶべきに非ざれど、此《かく》の如きは已れ自らの主たる能はず、才を用ゐるよりも才に用ゐらるゝの嫌あるを奈何《いかん》せん。国家の統治を要すると同じく、個人亦た頭脳の統治なきを得ず、万芸に通ずべき才能を屈して之を一事に集注するは、其の人に取りて頗る苦痛にして、腕の鳴るが如き心地せんも、此の苦痛を忍ばずんば、生存の方針を定むべからず、ブローハム卿は万能の人、文事に於てマコーレーを圧倒し、政事に於て首相メルボルンを圧倒せんとし、尚ほ科学に於て大発明を企てたりしも、何事も半分を能くすと云はれたり。

斯かる人にして斯くまで多才ならざらんには、何事か大に成し遂げ得たるべきに、自ら才能を調節せず、其の逸出する儘に任かせたるは、独り其の人の為めに憾《うら》むべきに非ず。

吾人は此点に於て特に福地桜癡居士を惜むや切なり。居士は才に於て殆んど天に恵まれしと謂《い》ふべく、何事に接するも不可能を感ぜず、為すとして常人以下に降らざりしが、生涯の変化多かりしは全く之が為めとすべきも、才能の割合に結果の善からざりしも他の故ならず、要するに自ら才を用ゐるを難《かた》んぜしに出でずや。政治家たらんとし、実業家たらんとし、文学者たらんとし、就《いず》れにも少からざる才能を有し、若し政治に専らなれば、伊藤・井上等諸氏に雁行《がんこう》し、少くも子爵を授かりたるべく、若し実業に専らなれば、渋沢・益田等諸氏と比肩し得たるべしと考へらるゝに、実際の経過は全然反対にして、辛うじて一代議士たりしのみ。文学に於ても天稟《てんぴん》の才を発揮せし者なるやは疑はし。若し成功ありとせば、果して何の方面に認むべきか。

居士の八面鋒の才を以てして比較的最も長く従事し、比較的最も成功せしは文学に於てなるが、論文は一時嘖々《さくさく》として賞賛せられしに拘はらず、決して傑出せりと看做《みな》すべからず、穏かにして迫らず悪感情を招かざるの称すべきも、論理の緊密を欠き、間々《まま》聯絡を失ふことあり、もしや草紙に論理学を引用せし点の全く無意味なりしに徴するも、論法に切実ならざるを推すに足る。小説は機智の見るべきあれど、想像に豊かならず、構造に妙ならず、脚本の如きも遂に旧套《きゅうとう》を脱せざりき。其の労苦せしは寧ろ不適当なる所に於てせりとして妨げなきが、さらば何事に適当せるやといふに、須《すべか》らく一言にて尽くすべし、叙事的歴史是れなりと。考証的歴史又は哲理的歴史を能くせざらんも、ギッボンの羅馬衰亡史の如き、其の優に成すに堪《た》ふる所、自ら目撃せし要路諸公の言動を記載するに於て、世界に比類少からんと察せらる。長処を措《お》いて短処を事とし、ギッボンたらんとせずしてシェクスピヤたらんとし、剰《あまつさ》へ政治家・実業家たらんとせしは、豈に才を誤用せし者ならずや。然れども誤用して猶ほ彼の如しとせば、如何に才に富みしかを知るべし、今や其の人逝く、哀《かなし》いかな。（明治三十九年一月七日）

（『偉人乃跡』明治四十三年刊より）

附録第三　桜痴居士福地君紀功碑

正二位大勲位功一級公爵山県有朋篆額

桜癡居士福地君紀功碑

孔子曰、君子疾没世而名不称焉、言名之難也、夫人之処世、或為士、為農、或為工商、雖其選人人殊、莫不皆欲以一技一能聞於世、是以富駕猗朱、貴比許史、声名嘖嘖、喧伝遐邇者、何限、而其名与骨、共不帰澌尽泯滅者、幾希、若夫輿頌赫奕、没世而益熾、則非偉功耀乎世、恵沢施乎後者、不能、孔子之言、豈不信乎、元和偃武、文教大興、学問文章、有大可観者、而天保以降、学者多流浮誇、余弊所及、徒声律之競、不者大抵鄙俚雑駁、倶不足以黼黻明治之宏謨、潤色維新之大業、可深慨焉而已矣、逮於桜癡居士崛起、樹幟文壇、天下翕然嚮之、亡論新聞与雑誌、苟欲著書立言、以木鐸一世者、類皆無不効居士歩趨、於是乎、明治之文章、始定矣、文摩韓蘇之塁、学鍾東西之精、縦論横説、事理兼該、以発世人之蒙、而鳴昭代之盛、此豈非所謂経国之大業、不朽之盛事哉、或曰、居士之文、固豪矣、雄矣、独惜陸沈於官場、放浪乎湖海、而轗軻終其身也、吾曰、庸何傷乎、仮令居士志伸於仕進乎、紫綬拖旭章、輝高車駟馬、往来絶塵、使婦児歆羨咨嗟者、其或有焉、然使後之人、称功懐徳、而永不忘者、此未可必也、則其陸沈而放浪、適所以大成其業歟、嗚呼如居士、真可謂功成名遂、亙百世称焉、而不止者矣、松下君軍治、平昔与居士親善、将建碑於其故棲天女池畔、不朽之、請予文、因係以銘、曰、

緊《コレ》昔（マヽ）明治、　星斗呈祥、　庶政維熙、
奎運未昌、　学衰文弊、　人飽粃糠、
鳳来有期、　豈不翽翔、　子也崛起、
木鐸文場、　眼曠千古、　識博両洋、
日日珥筆、　聯珠成章、　侃諤警世、
犀利露鋩、　如日初出、　光被遐荒、
爝火息矣、　魑魅潜蔵、　名喧寰宇、
材推棟梁、　生兮坎壈、　死兮燀煌、

大正二年歳次癸丑一月

正二位勲一等伯爵芳川顕正撰

従六位勲六等　高島張輔書

田鶴年鐫

（碑裏）に左の記事がある。

此碑、大正二年彫工竣成、而有故、不能建於天女池畔、荏苒閲歳、至今年、建之於此公園、

大正八年十一月

碑文中の松下軍治は日出国《やまと》新聞社長で有名であった人物、天女池は不忍池で、其故楼というのは、桜痴の池ノ端御殿のあった下谷茅町の地をいう。後の横山大観の邸となったと聞く。初めそこに建てようとしたが、それが出来なくなったので、ついにここに建てることにしたというのである。松下は、ある方面では嫌われた人物であるが、しかし桜痴の零落に同情し、その恩を忘れず、独力この巨碑を建てたのは、感ずべきものがあろう。

略年譜

年次	西暦	年齢	事蹟	参考事項
天保一二	一八四一	一	長崎新石灰《しっくい》町に生る	
弘化四	一八四七	七	長川東洲について漢学を修む	
安政二	一八五五	一五	名村花蹊にオランダ学を学ぶ、一時名村の養子となる○オランダ風説書（新聞紙）への興味、漢学もつづけ、文名あり	
五	一八五八	一八	前年名村氏を去る、冬江戸に上る	
六	一八五九	一九	森山多吉郎にイギリス学を学び、その薦めによって幕府に仕う（大よそ水野筑後守忠徳と終始す）	
万延元	一八六〇	二〇		咸臨丸渡米○井伊大老の死
文久元	一八六一	二一	初度の洋行（ヨーロッパ行き）。新聞への興味	
二	一八六二	二二	滞欧	生麦事件
三	一八六三	二三	帰朝○水野筑後守（忠徳）に随い大阪出張	将軍上洛
元治元	一八六四	二四	眼病半年	

慶応元	一八六五	二五	第二回の洋行（ヨーロッパ）。万国公法・国際法研究。フランス語をロニーに学ぶ○西洋について の実際知識加わる。西洋演劇・文学等をやや理解するに及ぶ	長州征伐
二	一八六六	二六	幕臣としての地位昇進するとともに、大いに用いられんと欲したるも、言動自由不羈にて用いられず。政治・外交の建言も採用なし。不平の余り花柳界に出入○幕臣のまま下谷二長町に語学塾を開く、まもなく禁止	孝明天皇崩御、明治天皇即位○将軍家茂死去、徳川慶喜職をつぐ○薩長討幕密約
三	一八六七	二七	大政奉還に反対し、小栗上野介（忠順）に建言○京阪に出張、兼て状勢を視察す○鳥羽伏見の戦いに先立ち京都進撃戦略進言、不採用○戦敗れて海上帰京	大政奉還
明治元	一八六八	二八	四月「江湖新聞」発刊、佐幕的立憲政治論を唱う○五月筆禍、無事釈放○この年限り幕府を辞し、文筆にて衣食す（著訳各種）。吉原通いは依然としてつづける。戯作者連中を相手に西洋の演劇や文学のことを語る	四月、江戸城引渡し○五月、上野戦争

明治二	一八六九	二九	湯島天神下「日新舎」開塾。中江兆民等来学	
三	一八七〇	三〇	渋沢栄一の紹介にて伊藤博文と会見し、意気投合○大蔵省御雇となり、伊藤に従い渡米（第三回洋行、アメリカ）。銀行・会社・国家会計・金融等の調査	
四	一八七一	三一	滞米中、政治思想、急進より老成に向う。漸進着実を理想とす○帰朝、大蔵省一等書記官。まもなく岩倉大使に従い洋行（第四回、アメリカ・ヨーロッパ）	
五	一八七二	三二	外国滞在、アメリカよりヨーロッパへ	
六	一八七三	三三	立会（陪席）裁判視察のため、大使一行と別れ、小アジアを経て帰朝。この間、維新元勲の言動に接し（木戸孝允に最も傾倒）、また欧米の名士大家の意見にふれ、種々世界の新思想を吸った	使節帰朝。征韓論にて政府分裂
七	一八七四	三四	民撰議院論起る。木戸すでに政局を見限り、井上馨・渋沢栄一も大蔵省を去る○源一郎、政治家としての前途をあきらめ、辞職。東京日日新聞社に入る（初め主筆）	佐賀の乱・征台の役

八	一八七五	三五	「東京日日」好評、発行部数急に上昇す○第一回地方官会議、その間議長木戸を助けて書記官長となる	
九	一八七六	三六	「東京日日新聞」に社長と署名。新社屋に移る○正院御用掛とし、渡韓○益田孝等と「中外物価新報」を発行○演劇改良の興味漸くつよく、丸本を集めて研究を始む	廃刀令○熊本神風連の乱・萩の乱（前原一誠等）
一〇	一八七七	三七	西南の役、戦地出張。戦況を新聞に探報す、人気大いに揚る。四月帰社の途中、木戸の薦めにて、京都御所にて戦況奏上の栄を賜う。源一郎感激して直ちに戦場に引返し、さらに探報をつづけ六月に及ぶ。山県参軍の嘱にて西郷に対する勧降書を草せしと伝わる	西南の役
一一	一八七八	三八	渋沢等とともに東京商法会議所設立。商法講習所（今の一橋大学）にも関係す○第二回地方官会議その間伊藤を助けて書記官○東京府会議員当選、議長となる	
一二	一八七九	三九	世界漫遊中のグラント前アメリカ大統領夫妻来朝	

明治一三	一八八〇	四〇	歓迎接待の任に当る。両陛下をお招き、上野公園の大会を催す。人気益々揚るとともに、一面攻撃も集まる○株式取引所創立、肝煎の一人となる○リットンその他の西洋の戯曲・小説を翻案し、黙阿弥・円朝等に与う 政府政変の兆。別に官設の新聞を起さんとす。自由民権論全盛。源一郎、漸進主義を唱う	
一四	一八八一	四一	政府、立憲政治の遅速につき意見分裂○北海道開拓使払下げ問題起る。志士の攻撃集中○源一郎、敢然政府反対の演説をし、社説を書く。その真意の把握に苦しむもの多し（但し漸進主義は依然）○一〇月政変、大隈一派下野。源一郎再び伊藤等と握手して世人を驚かす。これより人気漸落に向う。「東京日日」を官報たらしめんと謀りて、成らず。然れども「東京日日」の組織株主を一変し、その筆をもって官の味方となる自由を絶対にす	自由党出現
一五	一八八二	四二	「毎日」「報知」と主権論を戦わす。○源一郎、丸山作楽・水野寅次郎等と謀り、立憲帝政党を組織	軍人勅諭下賜○改進党出現○伊藤、憲法調査のため洋行○第一次朝鮮事変○

			す（天下三分のつもり）	東京専門学校（今の早稲田大学）創立。思想は改進系なり
一六	一八八三	四三	官報発行、「東京日日」の読者減ず。源一郎の論文の筆もまた漸く荒れたる感あり○帝政党解散（けだし政府の内意なりという）。後始末につき、源一郎多少の負債を負う	伊藤帰朝
一七	一八八四	四四	府会疑獄起る。源一郎をも疑問の眼にてみるものあり。「東京日日」、関直彦に主筆を譲りて交代	第二次朝鮮事変。内地にも加波山事件を始め、暴動事件いろいろとあり
一八	一八八五	四五	伊藤清国に渡る、源一郎随行○「東京日日」、夕刊を発行す	朝鮮事変につき日清兵衝突あり、日清談判
一九	一八八六	四六	井上の条約改正失敗。民間志士の攻撃轟然たり。源一郎、井上を弁護す。その一方、日本を知れと国粋的思想を掲ぐ○末松謙澄帰朝、演劇改良会成る、発起人の一人	欧化時代○東京大学、帝国大学となる
二〇	一八八七	四七	「東京日日」経営不振、自他減俸	民間志士、三大請願の運動○保安条例
二一	一八八八	四八	七月、源一郎社長職を関直彦に譲って退社。あとは寄稿関係となる。小説家に転向、未来小説・政治的暴露・社会諷刺より始めて、人情的ロマンス	市町村制

			に及ぶ	
明治二二	一八八九	四九	吉原貸座敷収賄事件に連座、無罪となりたるも大いに信用を墜す。企画中の会社も成らず、負債益々加わる○歌舞伎座成功、開場となる。しかしその利は金主千葉勝五郎の占むるところとなり、結局座主の座を追わる	大日本帝国憲法発布
二三	一八九〇	五〇	団十郎と意気投合、歌舞伎座の作者として立つ○この年以後、小説のほか脚本の作甚だ多し	第一回帝国議会開く
二五	一八九二	五二	『幕府衰亡論』出づ	
二七	一八九四	五四	『懐往事談』出づ、前者と相俟って源一郎の叙事文の妙識者に称せらる○歴史小説にも傑作あり、国民思想激励の志を示す	日清戦争（—二八）
三〇	一八九七	五七	歌舞伎座立作者の座、不動となる	貨幣法公布
三三	一九〇〇	六〇	「日出《やまと》国新聞」（社長松下軍治）の顧問となる。数年来、その小説・戯曲・論説・雑文・随筆を乞うもの、「東京日日」「日出国」「国民之友」「太陽」、その他漸く多くなる	立憲政友会結成（伊藤）
三六	一九〇三	六三	団十郎歿す、作者も自然やめ。最後の事業を政治	

			に残さんとす	
三七	一九〇四	六四	衆議院議員当選、けだし江戸子の義侠心の現れなり。大同倶楽部に属し、大いに企画するところあり	日露戦争（―三八）
三八	一九〇五	六五	秋より病床に就く	
三九	一九〇六	六六	一月四日歿。六六歳というも、満歳ならば六四歳という。谷中墓地埋葬、温良院徳誉芳名桜痴居士	

主要参考文献

『懐往事談』　福地源一郎　明治二七年　民友社
『桜痴居士と市川団十郎』　榎本破笠　明治三六年　国光社
『桜痴居士自筆自伝』（明治一八年起草、野崎左文著『私の見た明治文壇』に転載せるもの）　明治三九年　東京朝日新聞社
『還魂資料』　福地信世　大正七年　福地家
『福地桜痴』　川辺真蔵　昭和一七年　三省堂
『福地桜痴』　田村寿　昭和三七年　時事通信社

以上のほか
『星泓詩稿』　二巻（私の見たもの）
『星泓雑著』　一巻

以上を現物で見ることが出来て、大いに参考となった。なお参考した桜痴の著書は、もちろんほかにも多数あるが、今は煩を嫌うて一々あげないことにする。

著者略歴

明治二十七年生れ
大正七年早稲田大学文学科卒業
早稲田大学教授、文学博士
昭和四十四年没

主要著書

明治初期翻訳文学の研究　政治小説研究(上・中・下)　幸田露伴　三宅雪嶺　坪内逍遙　田山花袋の文学(第一・第二)　明治初期の文学思想(上・下)

人物叢書　新装版

福地桜痴

昭和四十年十二月十日　第一版第一刷発行
昭和六十四年一月一日　新装版第一刷発行

著者　柳田泉《やなぎだいずみ》
編集者　日本歴史学会
代表者　児玉幸多
発行者　吉川圭三
発行所　株式会社吉川弘文館
東京都文京区本郷七丁目二番八号
郵便番号一一三
電話〇三—八一三—九一五一〈代表〉
振替口座東京〇—二四四
印刷＝平文社　製本＝ナショナル製本

『人物叢書』(新装版)刊行のことば

人物叢書は、個人が埋没された歴史書が盛行した時代に、「歴史を動かすものは人間である。個人の伝記が明らかにされないで、歴史の叙述は完全であり得ない」という信念のもとに、専門学者に執筆を依頼し、日本歴史学会が編集し、吉川弘文館が刊行した一大伝記集である。

幸いに読書界の支持を得て、百冊刊行の折には菊池寛賞を授けられる栄誉に浴した。

しかし発行以来すでに四半世紀を経過し、長期品切れ本が増加し、読書界の要望にそい得ない状態にもなったので、この際既刊本の体裁を一新して再編成し、定期的に配本できるような方策をとることにした。既刊本は一八四冊であるが、まだ未刊である重要人物の伝記についても鋭意刊行を進める方針であり、その体裁も新形式をとることとした。

こうして刊行当初の精神に思いを致し、人物叢書を蘇らせようとするのが、今回の企図である。大方のご支援を得ることができれば幸せである。

昭和六十年五月

日本歴史学会

代表者　坂本太郎

〈オンデマンド版〉
福地桜痴

人物叢書　新装版

2020年（令和2）11月1日　発行

著　者　柳《やなぎ》田《だ》　泉《いずみ》

編集者　日本歴史学会
代表者　藤田　覚

発行者　吉川道郎

発行所　株式会社　吉川弘文館
〒113-0033　東京都文京区本郷7丁目2番8号
TEL　03-3813-9151〈代表〉
URL　http://www.yoshikawa-k.co.jp/

印刷・製本　大日本印刷株式会社

柳田　泉（1894～1969）

ISBN978-4-642-75146-9